三味線放浪記

新版

山入端つる
校閲　東恩納寛惇

ボーダーインク

「颱風」で三味線を弾く山入端つる

表紙・カバーデザイン　宜壽次美智

目次／三味線放浪記 新版

「三味線放浪記」は一九五九年十月五日から三十六回にわたって『琉球新報』に連載された。

今回発刊するにあたって、原文の味わいをそこなわないよう留意しながら次の点を改めた。
①旧漢字、旧仮名づかいを新漢字、新仮名づかいにした。
②句読点をうちセンテンスを短くしたり、行を改めたりした。
③見出しを追加したり、改めたりした。
④わかりにくい語句は（　）、あるいは欄外に注釈を加えた。
⑤明らかに誤字・脱字と思われるものは訂正した。
⑥新たにふり仮名をふった。

序　浮草のように

浮草の昨日は東、今日は西、蛇皮ばりの三味線《さんしん》一丁に命をかけて、ところ定めぬ私の半生ではあった。

私は明治三十九年丙午《ひのえうま》の生まれになっているが、目に見えぬこの馬に運命を乗せて、旅から旅、駆けまわった私ではあった。持って生まれて勝気で、相手の出方次第、気に入ればおとなしく首をたれて草をはんでもいるが、気に入らぬとなると何の遠慮もなく、後足で砂をけって飛び出してしまう。

かくて五十年、落ち着いて息のつける日は、いつになったら来ることやら。われながら、わが身一つを扱いかねている。運命に対する挑戦とでもいうものであろうか。

私はこのごろ、自分の過去をふりかえってみて、こんな歌を詠んだ。

海山も渡て　きゆやこの島に
　着きゆる飛鳥のあはれ語ら

飛鳥の思ひ　誰が知ゆが
　浮世夜あけ白雲と風に聞かな

風ままどなゆる渡て行く先や
　明日《あちゃ》やあの島に着きゆらと思へば

島々よ渡て　夜もくれて行きゆさ
　胸のわが思ひはたさやすが

誰と語らゆが　胸内の思ひ
　ともに泣くものや山のひびく
浮世なだやすく　飛びやんてやりしちも
　風声のたいらん世界やちゃしゅが

屋部の巻

山原の貧農に生まれて

生まれ島・屋部

名護の七曲《ななまがい》を回って波静かな小さな入江に沿って屋部《やぶ》、宇茂佐《うんさ》、山入端《やまにゅは》と、小さな三つの村《むら》が行儀よく列んでいる中の、屋部が私の生まれ島である。

嘉津宇岳が鼻の先にそそり立ってその麓に押しつぶされたようにチンマリと納まっているのが、嶽に押される安和《あわ》の村、それから潮平《しゃんじゃ》、山入端とつづいて、港に抱かれる屋部の村となる。村の中央を屋部川が流れて、両岸にこんもり茂った森が、緑の影を川面に映しているあたりに屋部橋があり、私の生家はその橋のたもとにあった。

私たちの部落では家作《かさく》にすら、瓦屋、貫木屋、穴屋と三通りの階級があって、穴屋といえば礎石すらない掘立小屋同然の貧農で、私はこの穴屋に男三人女三人の六人きょうだいの末娘として生まれた。蝶よ花よと育てられた、と言いたいところだが、

『琉球新報』連載時の挿絵（慶田喜一画）より

なんの、手も足も真黒になって、小猿のように追いまわされて生い立った。川の中ほどが少しひろくなって、一番深いところにバンシロの樹が川面に枝を差しのべ、初夏の候になると薄黄色に熟した実が、枝もたわわになり下がる。カモメのように泳ぎ切って、その実をもぎ取り、さもうまそうにかじっている私を友達がどんなにうらやましがったことか。友達のそのうらやましがる顔を見るのが私の得意であった。

マユー屋

私の家の周囲には、垣根がわりにシークヮーサーの樹を植え込んであった。その実が赤く色付くころなど、花のように見事で「マユー屋」（私の屋号）のシークヮーサーは村でも評判で、わざわざ見物に来る人すらあったくらいである。そしてまた、それが私の家の唯一の財産でもあった。親たちがその実を籠につめて、今帰仁あたりまでも売りに行ったものである。

シークヮーサーは、食べられるものでもなければ、食べると腹痛をおこすとおどされてはいたが、よく熟してくると幾分甘味がつき、まんざらでもないので近所の子供たちがほしそうにたかってきた。その度ごとに、私はタバコ盆の中身をあけて縄に吊し、それを腰につけてスルスルと樹に登り、箱にためて皆にわけてやった。一方だけから取って穴があくとすぐ知れるから、万遍なく取る。兄に見つかって物干竿で追いまわされると、身軽に枝から枝へ逃げまわる。きょうだいは私のことを〝小猿〟と呼んでいた。

私の祖父は音楽が好きで、眉の美しい人であったから「山入端のマユー」と愛称され、それから私の家の屋号を「マユー屋」と呼ぶようになった。芸能を買われて、首里の御殿《うどぅん》・殿内《どぅんち》にも出入りし、二、三カ月も家をあけることがあった。

そんなことから妻が家出をして、他の男と一緒になった。祖父は口惜しい思いを芸能で慰めていたが、一日、「述懐仲風《じっくぇーなかふう》」をうたって宇茂佐兼久《うんさがにく》を流したところを、そ

山入端兄弟姉妹

長女・ナベ

二女・ウシ

三女・つる

長男・萬栄

二男・萬五郎

三男・萬郎

の男が聞いて後悔し妻を返してくれたが、とうとうもとのサヤにおさまらず、一生独身でとおした。

間もなく二人とも世を去ったが、私が十七歳のころに一門会議の上、二人のお骨を一緒にしてあげた。私の芸能に対する執心は、祖父の血筋を引いたものであろうが、私の悲しい運命もまたその遺産かも知れない

牛追い

私の両親はお人よしに近い善人で、甲斐性のあるほうではなかった。頼まれるとイヤとはいえず、親類の連帯保証倒れで借金を背負いこみ、大勢の子供を抱えて家の内は年から年中火の車であった。

私が八つのときに、父はふとした病から世を去り、病身の母が苦しい家計と、父が

残した借金を背負いこんで、一家は暗闇のドン底におとされた。にっちもさっちもいかなくなって、十一歳のときに遠い親類に当たる瓦屋に千貫文の身代金で奉公に売られていった。走り遣いや水仕事に一日中疲れた体を休める暇もなかった私にとって、牛を追って野良に出るのがせめてもの自由の天地であった。あこうくろう（たそがれどき）に、牛を引いて帰るとき、屋根の向こうに淋しそうに立っている一本松を眺めて物悲しくなり、こんな歌を口ずさんでみた。

山の奥山に一本ある松や
　あれも一人生まれ　わんと似ちょさ

私は無心に牛を追いながら、心いくばかり「ミャークンニー」をうたった。
そこで私の生涯をかけた芸能生活の発端を語らねばならない。

手製の三味線

私の母は瓦屋から穴屋の父のところに嫁に入ってきた女であった。何の苦労も知らずに育ってきた人で、色が白く、おそろしく肌のきれいな人であった。幼いころ、母につれられて川に髪洗いに行ったとき、私はひしと母に抱かれながら、母のきれいな肌をなでまわしたものであった。

母は穴屋の所帯疲れに身も心も老け込んでしまってはいたが、流石に昔の面影の偲ばれるものがあった。私はこの母の背にのって、母がうたう子守唄に寝るどころか、目をみはってうっとりと聞き入った。

わァがわァが　ふどぅうゎさば
瓦屋の嫁なれよう
サバもパチパチくみようくみよう
アシジャもからからくみようくみよう

私の幼い頭に芸能の種子をおろしてくれたのは、母の子守唄であったろう。私の七つのときであった。私は安和、山入端の村芝居を見に行って、初めて「かせかけ」踊りをみた。もちろん歌の意味も、踊りの意味もわかってはいない。

七弓と二十弓かせかけておちゅて
　里があけず羽　御衣よずらね

私はこの歌の意味は無論わからないが、ただその節《ふし》の美しさが忘れられず、帰ってからも一人で思い出してシクリシクリと泣いた。家の人たちが、どこかわるいのではないか、と心配していたわってくれたが「あの歌がナグリサヌ」と言った。物悲しいという意味であったらしいが、この子供にそんな歌の情けがわかるのか、と大人たちは舌をまいたという。私はどうでも音楽に生きる定めであったのだ。

私の奉公先の家には子供はなかった。正月に豚を一頭つぶすのは、どこの田舎でもする習慣であるが、中味の膀胱《ぼうこう》は、ふくらませると風船玉のようになるので、子供たちは誰でもそれをほしがった。一頭に一つしかないので、子供の大勢いる家ではえこひいきなしにそれを天井に吊しておいた。

この家では幸い子供がないので、奉公人の私が貰いうけた。私は手ごろの木を切り、鎌で幾日も幾日もかかって中をくりぬいて胴を造り、それに膀胱を張って小さな三味線を造った。弦《つる》は真苧《まーうー》（苧麻）を芋皮で固めて造った。ほんとうの三味線を手に取ってみたことがないので、糸巻きが三本あることも知らず、一本に巻き込んだ。それでもどうやら音が出たので、私はうれしくてたまらず、手からはなさず勝手にかきならしていた。

辻の巻

十三で身売り芸の道へ

辻遊郭へ

私は十三歳のとき、姉たちが行っている辻に売られていった。売るものは売りつくし、たった一つ残ったものは娘たちであったというわけである。よしや女が仲島に身売りしたのは十四歳のときであるが、私はそれより一年も前であった。

辻に売られていくとき、学校にも出してやるという約束で、私は学校の教科書なども包んで持っていた。だのにそのころ学校の規則では、辻のものは普通の人と一緒には教育を受けられないとあって、学校には行かれなかった。親のために売られてきた小娘に、何の罪があるというのか。

私はこのことを根に持って、今でも沖縄を怨みに思っている。けれども何の因果か生まれ故郷の沖縄を忘れることはできない。

辻にいたころのつる（19 歳）

私が売られていく日、私は裾の短い芭蕉衣の上に、ミノカサをつけて山羊の草を刈って裏山から帰ってきたところを、兄が三畳の一間につれ込んだ。両親にも捨てられて年端もいかないお前に、この上の苦労をさせることか、と兄は私の手を取って泣いた。そして兄は大東島に行ってひと稼ぎしてくるから、お前を那覇にやって姉たちにあずけることにする。後六年間辛抱してくれ、というのだった。

ウフアバー（大姉）は十九歳、ウットアバー（次姉）は十七歳、二階小様《にーけーぐゎさま》の目玉《みんたまー》のカマドという人の家に身を寄せていた長姉は、もう年期があけて自前になっていたので、私はこの姉の娘分になったわけである。

六年間二千貫文の前借で、兄はこのカネで支度を調えて大東島に出稼ぎに行った。女のきょうだい三人が身売りをして、男のきょうだい三人を出稼ぎに送り出したわけである。

「つる」に改名

辻での私の仕事は、朝晩二貫文を持って芋皮の買い出しにまわって豚の飼料を集めるのが主で、芋皮買いに泊町小《とうまいまちぐゎ》あたりまでも出かけて行ったことがある。私は身軽で足が速いので、他人が小一時間もかかるところを二、三十分で用を達したので、この小娘はよく動くと重宝がられた。

姉たちも私をよく面倒見てくれた。最初私が辻に行くのはイヤだと泣いてダダをこねたのを、いろいろなだめすかしてつれ込んできたので、二人の姉が、三人で力を合わせて「マユー屋」を取り返すことにしようとなぐさめてくれた。

一番上の兄は私と十五ちがいで、私がやっと二歳のとき十七歳でメキシコに出稼ぎに行ったのであるが、立つ日に屋部橋の上で私を抱き上げ、早く大きくなれよと頭をなでてくれたことを夢のように覚えている。最初自動車の運転手をつとめ、ドイツ人を妻にして二人でキューバに渡って行ったと風の便りに聞いたことはあるが、その後、音信も絶え、親が死んでも、妹たちがズリ売りされても知らぬ顔のこの兄を私たちは怨んだ。

大東島に渡って行ったのは二番目の兄であるが、立って行くとき、私に鶏二羽を残してくれた。玉子を生ませて一個一銭五厘で売れる、二個で三銭、それで髪油を買え、と言い残して行った。

私のもとの名は松であったが、辻に来てから、それはあまりかた過ぎるということで改名することになり、カミー（亀）はどうかということであったが、「亀は男好きになる」といやがられ、「つる」と改めた。大人たちは「チラミー」と愛称した。

私は何ほど辛くても、好きな芸能の修行ができようと、それだけを頼みの綱としていたのに、来てみるとゼニカネ出して稽古事をさせるのはナシングヮ（産みの子）だけのことで、抱え子にはそんなことはできないこの島の習わしであると知ってガッカリした。

ちょうどそのころ、備瀬のタンメー（翁）という人が近所で歌を教えていたので、私はその人に弟子入りすることに腹をきめた。一回の伝授料が十銭、それは一番上の

キューバのドイツ大使館に勤めていたころの長兄・萬栄。
つるは兄を頼ってアメリカ行きを夢見るが……。左は妻
となったエリザベツ

姉が出してくれることになった。毎朝タバコ盆のひきだしに十銭でも入れておくから、それを持って誰にも知れないように、そっと裏木戸から出てお行き、と教えてくれた。

タンメーは朝がおそいので、私が行って起こすと、「このヤナワラバー」といつもブツブツ言っていたが、それでも私はかまわず台所から忍び込んで茶をわかし、ときにはご飯までも炊き上げて、「さぁ起きて下さい」と頼み込んで起きてもらった。タンメーはしぶしぶ起き出し、背を叩けと小一時間も叩かされて、それからやっと稽古を付けてくれた。

芸事を許される

「花風《はなふう》」は普通五日もかかるのを、私は三日であげた。私は幼いときに初めて聞いた「かせかけ」の「干瀬節《ひしぶし》」が忘れがたく、二揚《にあ》げ*を教えて下さいと頼んでも、まだ

辻の芸妓として記念写真に収まるつる（左）

早いといってどうしても聞き入れてくれない。その間に、もと端道《はたみち》芝居の仲座の地方《じかた》をつとめていたという宮城とかいう人が現れて、私はその人について二揚げを稽古した。

そのころ首里王族から身を落としたという「ツルンマー」という美人がいて、首里の三箇《さんか》の何某という人を旦那に取っていた。琴のひき手で、その人の部屋で琴にあわせて「述懐仲節」をうたっているので、これは三味線が入らねば始まらぬと思い、私を出して下さいと頼んでやっと許され、その座敷に出て初めて本式に三味線を弾いた。

私が十三歳の暮れのことで、習い始めてから十カ月目である。それをうちのパーパー(女将)がのぞき見して、あれは「チラミー」ではないかとおどろき、それからは表から稽古に出てもよいと許された。

骨惜しみをしないで働くのと、芸事に熱心であることから「チラミー」は皆に可愛がられて、辻町きっての古参助右衛門殿《しきむんどん》のパーパーが「ムイメー」(辻の頭取)になったときに、うちのパーパーが孫だと自慢顔に引きあわせてくれたことを覚えている。

私の十七歳のときのことである。

放浪の巻

職を転々荒波の渡世

宮古へ出奔

私の辻生活も、とうとう約束の六年は夢の間に過ぎて十九の春を迎えた。このころ、辻には検査というのがあったが、私は芸子であったから目と胸だけで、全身の検査を受けたことは一度もない。皆でよくしてはくれたが、若い身にはことさらこの島の生活もそろそろ鼻についてきて、いまが潮どきと思い、下衣五枚と着がえ一枚を風呂敷に包んで、どこという目当てもなく辻を逃げ出した。

ちょうど宮古行の船が出るところで、あとさきの考えもなしに沖縄を出でさえすればよいと思って、それに乗りこんでしまった。懐には二十五円のへそくりを後生大事にしまい込んであるきり。誰にも無論内緒であったが、かねがね仲良くしていた妹分の娘が、そっと三重城まで見送りに来てくれて、しきりにハンカチを振っていたが、やがてそれを顔にあてうつ伏してしまった。人間の真実というものに初めてあって胸が一杯になり、私も目を伏せた。

その翌日、船は宮古に着いた。そのころ、首里の野村という人がいた。これは野村流の大家、野村先生の孫に当たる人で、直接祖父の教えは受けなかったらしいが、野村先生の高弟の桑江先生の教えを受け、相当の腕前を持っていた人である。野村の弟子では低音は勢理客、高音は桑江と言われたくらいであったが、この桑江の弟子の野村がちょうどそのころ、宮古に来て昭和亭という料亭を経営していた。左馬のウトという辻きっての名妓が野村について来ていたので、私はこれ幸いとその人を頼って昭和亭に身を寄せた。

その家には踊子はいるが地方《じかた》がいないということで、私は重宝がられて破格の二十五円という給料で抱えられることになった。一、二カ月くらいの予定であったが、野村に稽古を付けて貰って、とうとう十カ月ほども長逗留した。二揚げにあこがれていた私が、高音の野村の教えを受けたことは、私の芸能に好い修行であった。

宮古での生活は最初の間はたのしかった。私は十二、三のころの昔にかえった気になり、毎日海につかって思う存分泳ぎまわった。あるときなどウトと一緒に泳ぎに行って、さあ上がろうとすると着物がない。二人ともしゃがみ込んで途方にくれているところへ、六十くらいの男の人が来あわせて、方々探してくれたらアダン葉の下にかくしてあった。誰かがいたずらしたものであったらしい。

私が来たおかげでお店も大分繁盛し、私も大切にしてもらった上、人気も呼んだ。そのころ、昭和亭をはじめ二十一軒の料亭がこの土地にあり、新聞で人気投票を行ったところ、私が二十一歳の処女という評判をとり、一層人気を集めた。けれどもこの人気が私の運命の一転機でもあった、ということは後でわかった。

そのころ、四国生まれの佐藤という金物商が、宮古に渡って来た。この金物商人は私より二十五も年長であったが、評判を聞いて私のところに通いつめ、私もまたそのおだやかな人柄にほだされて、乞われるままにこの人に頼って身を固めてみる気になり、その世話になることになって昭和亭を出た。

昭和亭には百五十円ほどの借金があったが、佐藤にその工面がつかず困っているところへ、佐藤の友人で台湾で事業をしているとかいう山県という人が来て、それを立てかえてくれた。私は借金の足を洗って自由になり、毎日自転車をとばして化粧品の行商をした。

その商人とはかれこれ三年ほども同棲していたが、彼の叔父が宮古に立ち寄るという話があって、女を囲っていると知れては拙《まず》いからということで、私は家を出て一人で間借生活をすることになった。

その後、山県は台湾に帰る途中海賊に出遭って殺されたとも聞いたが、詳しいことは知らない。それからしばらくたって山県の甥と名乗る三十七、八の男が、叔父の後始末に宮古に渡って来た。

ある夜、私が一人寝ているところへ表の戸をトントン叩き「つるさんここをあけて下さい。おそくなって宿屋をしめ出され困っている。一晩泊めて下され」と言うので、仕方なく戸をあけて入れ、私自身は中戸をあけて隣のアンナー（主婦）の傍に寝かせてもらった。

ところがしばらくたって、その男がへだての中戸をコトコト叩き、私はもう帰るから起きて下さいと呼ぶので、枕元のローソクをつけてランプに移し、それではと表戸をあけて送り出した。ちょうど八月の十五夜、宮古の名月は真昼のようであった。道がわかりかねるからその辺まで送って下されというので、後からついて行くと、その男がいきなり私の胸ぐらを取ってねじ伏せようとしたので、私は声を限りに助けを呼んだ。近所の人々が戸をあけて出てくれたので、男は雲を霞と逃げ失せた。

私は近所の人々に家まで送り届けてもらい、アンナーのもとに戻ったが、胸がドキドキして一晩中まんじりともしなかった。十五夜の月光は戸のすき間から白刃のようにさし込み、海の遠鳴が太鼓のように聞こえていた。この世の歩みは女にとってけわしくも悲しいものであると、しみじみ思った。

そこで宮古にもすっかりケチが付いていやになり、二人の兄たちが和歌山でモスリン工場の監督をしているのを頼って、ひとまずそこに落ち着いてみようかという気になり、宮古をとび出した。行ってみると、兄たちは私を産婆に仕立てるつもりでいたが、それは私にとっては荷がかちすぎ、また気も進まなかった。どうでも芸能で身を立てたい一心で、三カ月ばかりいて和歌山をさまよい出て、再び宮古に後もどりした。

大阪で職を転々

宮古に帰って、しばらくブラブラしていたが、ここにも落ち着く空はなく、再び放浪の旅に出て大阪に行った。市岡というところに、ちょっとした知人がいるのにたどりついて、その人の世話で中村商会といってパナマ帽を扱っている店に、仕上工として勤めてみることになった。日給八十銭で下宿代が九円、一カ月も働けば下宿代だけはどうやら稼げたが、身のまわりの小遣いとしては、十五円しか残らない。

できるだけ節約しなければならなくなって、朝七時までの割引電車に間にあわせるためには、毎朝五時か、おそくとも六時には床を離れなければならない。夏ならばとにかく、冬の寒い朝、温かい床から出るのはつらかった。子供を背にくくり付けた女が、「ナットナットウ」とわびしそうによばわりながら窓の下を通る。その声を聞くととび起きて一日の命をつながねばならないので、納豆売りの声が恐ろしいもののようにも思えてならなかった。

そんなことでこの店にもいたたまれず、石炭屋に住みかえた。石炭の大きな塊をゲンノウで細かく叩き割るのが仕事で、粉が顔中にはねかえってくる。沖縄の人で五十がらみの女が十年余もここで働いているという。顔中軽石のように穴だらけになっているので、わけを聞くと石炭粉に叩かれてこんなになっているという話。ほほかぶりでもすれば防げることと観念して、格別おどろきもしなかった。

早番といって一週一回だけ明るい間にヒマが出る日があって、勤めの女たちはゆっくり湯にでもつかって、石炭のよごれを洗い落とすことになっていた。私も皆に誘われて銭湯に行った。表はちゃんと女湯、男湯と出入口をかえてはあるが、中の湯舟は男女混浴になっていた。私はびっくりして皆がとめるのを振り切って逃げかえった。

私はそのころ工場から帰ってから、下宿で琴と三味線を教えて小遣い稼ぎをしていた。沖縄出身で鉄道に勤めているという人がある日訪ねて来て、四貫島に琉球料理を食べさせる店があるから行ってみないか、と誘われて出かけた。行ってみておどろいたことには、その家に「恋の花」のカミー姉さんがいるではないか。

琴で琉球民謡を弾くつる

庭は雪降ゆい　梅や花咲きゆい
無蔵が懐や真南風ど吹きゆる

サビのある声でうたうこの人の「恋の花節」は道行く人の腹の底までひびいて「恋の花カミー」の艶名は当時誰知らぬものもないくらいであった。年は私より十も上であったが、見知り越しではあり、思いもかけぬ旅の空での再会に、二人は手を取りあって泣かんばかり。たちまち大の仲良しとなった。

私はこの家がなつかしくなって、私を使って下さらぬかと女将に申し込んでみたら、店では地方《じかた》がいなくて困りぬいていたところ、こんな好都合はない、今日からでも住み込んでくれ、月給は二十五円も出そうという。天から降ってわいたような話で、早速腹をきめた。芸が身を助ける仕合せというのは、全く私のことである。

東京とちがって大阪では、普通の料亭でも表に出て客を呼び込む習わしになっていたので、春ちゃんというオキャンな娘がこの役を引き受けていた。ある日、私はカミー姉さんと相談して、おもしろそうだから私たちも一度表に立ってみようかということになり、二人で出てみた。

色の白い若い男がこちらを向いてニタニタ笑いながら来るので、なれぬ声で「イラッシャイ」と呼んでみたら、そのままノコノコ上がって来た。二階に通して一通り接客していると、春ちゃんが、姉さんたちが呼び込んだお客はどんな人だろうとのぞいて見て、コロコロと腹を抱えてころがるように二階からかけおりていった。わけを聞くと、筋向い常盤亭の小僧であった。それでも神妙に歌を聞き、五円の祝儀をはずんで、素直に引き揚げて行った。

その間にも私は例の虫が起こって、こんなところにいつまで居ついてもうだつのあがる気配はない。一層のことアメリカにでも高飛びしてみようかとむほん気をおこし、キューバの兄に手紙を出し、そちらに呼んでくれぬかと言ってやったら、しばらくたって返事が来た。

三の宮のこれこれという取引先に旅費として三百八十円届けておいたから、行って受け取るように、なお詳しいことはその人に伝言を頼んでおいた、くれぐれもからだを大切にするように、とあった。

私は早速春ちゃんをつれて、三の宮にその人を訪ねて行った。ゴザの卸商で、兄とは永年のお得意関係であることもわかった。兄さんからお金も届いている。けれども肝心のあなたが果たして山入端つるさんであるかどうかは私にはわからないから、兄さんの写真なり、往復の手紙なり証拠になるものを持って、今一度出直して下さいといわれた。至極もっともと思い、それらのものを揃えて、日をあらためて出かけていったら納得がいって、三百八十円という大金を耳をそろえて渡してくれた。

またその人のいうには、兄さんはあなたのことを心配して、女のひとり身ではるばるアメリカ三界まで渡って来るにも及ばぬ。相当の連れ合いをもとめてそちらで身を固め、この金を資本にして暮らしを立てさせるように取りはからってくれと言ってきていると、その手紙もこのとおりと見せてくれた。兄としてはそう考えるのももっともなことであるから、厚く礼を言って引き取った。

それから私はアメリカ行きを断念し、この金を資本にカミー姉さんと協同して、この店の支店でも出させてもらおうかと思い立ち、カミー姉さんにも相談したところ同意であった。その準備を進めている間に、急にカミー姉さんの気持ちがかわり、あたしはあんたと一緒には仕事をしたくない、と言い出した。

おかしいと思って内々様子を探ってみると、私のところにちょくちょく歌を聞きに来る男に気があって、岡やきをしているらしいことがわかり、馬鹿臭くなってどうとも勝手にするがよい、という気に私もなった。

そのころの大阪に、久志の人でスバイで豆炭を製造している人がいた。スバイというのはいろいろのゴミを焼いて豆炭の材料とするもので、この人は学問といっては自分の名も書けないぐらいであるが、なかなかのやり手で犬ッ子一匹通らない浜地を開拓して、三百軒の小屋を建て、沖縄や大島の人を三百人ほども集め、全部で百五十円ほど家賃のあがりがあった。

十二、三の男の子と八、九歳の女の子を残して妻に死なれ困っているから、後妻に来てはくれまいかと、人を仲に立ててのたっての望みに、私もこの男にどうというわけではないが同じ国頭《くにがみ》の人ではあり、こんなところで相当の仕事をしているということと、また母のない二人の子供たちのいじらしさに、一つ助けてやろうかという気になり承知し、二カ年ほど同棲した。

この家に来てからの私の仕事は、家賃の集金で毎日袋を提げて一円二円とかき集めていた。一日、ある家に家賃の催促に立ちよってみると、学校行きの支度をしてシクシク泣いている子供を、母親がたしなめているところであった。わけを聞くと、今日学校に遠足があって、子供が遠足費を持って行くことになっているが、家賃が払えないので思い止まらせようと思って、たしなめているところと聞いて、私は胸が一杯になり、「ようございます。家賃は私がなんとかしますから、坊やを遠足におやりなさい」といって帰った。

こんなことが度重なって、私が来てから家賃のあがりがひどく落ちた。元来がスバイというしがない商売であるために資金の運転がつかず、使用人の給料も遅延がちで、毎日のやりくり算段に苦労はたえなかった。一度など掛け金を取りに来た客と応対中、勝手元で働いている私を呼んで、金を持ってお出でと言いつけたが、そんな金などありっこないので、ドギマギしていると、なんとかして客を帰してから「そんなときには機転をきかせ、裏口から質屋にでも走りバツをあわせてくれないと、店の信用にかかわるではないか、ドジめ」とひどく叱りとばされた。

そんなこんなで、兄が送ってくれた三百八十円の虎の子も、大方借金の穴埋めにはき出してしまい、私はまたもとのスッカラカンになってしまった。それにこの男が大のやきもちやきで、私の身の上などを洗い立てて独りでやきもきし、私の真実は全く踏みにじられてしまったので、こんな男に心中だてしたところで始まらない、私はやはり芸能の神様に仕える身であったと気が付いて、別れる腹をきめた。

奄美大島へ

当時、私の姉が春ちゃんという十三歳の娘を預かって召し使ってくれ、とよこしてあったので、私はこの春ちゃんをつれて家を逃げ出した。この子を沖縄まで送ってやるつもりだった。懐には二十円足らずの小銭しか持っていない。とにかく汽車にとび乗った。私は関門連絡のことを知らないので、やっと着いたところを鹿児島と早合点して降りて聞くと、ここは門司という所で、鹿児島はここから汽車を乗りかえて行かねばならない。それには別に急行券がいるという話。

やっと急行券だけを工面して鹿児島まではたどり着いたが、沖縄行きの船は今出たばかり、次の便は五日も待たねばないということで、全く途方にくれた。沖縄までの運賃は子供が二円五十銭、大人が七円、それを差し引くと懐には十円足らずしか残らない。それで五日間の滞在費をどうしようもない。

思案にあまって、私はがっくりと路傍にしゃがんだ。なるようにしかならぬとまた気をとりなおして、私もこの子も朝から何も食べていないので、腹をこしらえたらよい思案も出ようと、一膳めし屋の縄のれんをくぐった。船員相手のやす店である。二畳の間に上がり込んで丼飯を二つ注文して、二人ともやっと人心地がついた。

そっと給仕の少女を呼んで、この辺に木賃宿はないかと訊いたみた。少女が告げたと見えてデップリ太った好人物らしいこの店のおかみが上がって来て、「木賃宿ならあるにはあるが、とても奥様方の入れるところではない。余程事情がおありのようだが、差支えなかったら打ちあけては下さるまいか。女同士のこと、及ばずながら力になってあげられることもありましょう。宿もきたない所だが、よろしかったら宅にいて下され、木賃よりはましでしょう」と言って、二階の三畳間をあてがってくれた。

袖に涙のかかるとき、人の情けの露ぞ知らるる、で私はまた人の情けに泣かされた。母子で沖縄まで帰るところとふれ込んでおいたので、春ちゃんには小母さんとばずにお母さんと言うんだよ、といい含めてはおいたものの、春ちゃんも今年十四歳になって母子ほどはちがっていないので、これも事情がありそうだと考えた理由の一つであった。私はこのこともありていに打明けた。

二人の素性が知れて安心もし、同情もしたらしく、「たまには下にもおりて来て下さい。何ごとも思いあまったことは話して下さい」と親切に言ってくれた。三日目に夫婦で上がって来て、ウサばらしに映画にでもお誘いしたいと言ってくれたが、映画はきらいだから、その代わりに西郷サンのお墓にお詣りしたいというと、こちらでは西郷ドンと言いなされ、と注意された。

その翌日の夕方、西郷ドンにお詣りのつもりで春ちゃんをつれて出たところ、後から夫婦がついでに私共もお供しますとついて来た。後で聞くと、私がいかにも思いつめた顔をしていたので、無分別な考えでも起こしてはと心配してついて来たという話であった。

いよいよ船が出るという日に、チマキを沢山つくってくれた。これで沖縄への手みやげはできたとよろこんだ。五月というのに春ちゃんは未だ袷を着せてあったので、アッパッパを一枚買って着替えさせ、身のまわりの品物を入れる旅行袋を一つ買ってやったら、後はいくらもない。

二人分の沖縄までの運賃はとてもないので、私は春ちゃんだけ姉の手許に送りかえし、私自身はひとまず大島までたどりつくことに決心した。翌日の朝はうすぐらい内に大島に着いた。「小母さんはひと月ここで働いて旅費をつくって帰るから、気を付けてお帰り」といい含めてわかれた。

私はこのとき、持ち金といってはビタ一文もなかったが、かえって大胆になり、提灯つけて出迎えに来た宿引に、ここで一番の旅館と名ざして池畑旅館に案内された。部屋も一等、宿賃は一日五円。一晩絹ブトンにぬくぬくと体を休めた。

その翌朝のこと、あいにくと風呂釜をこわしたから、今日は風呂を休ませていただ

放浪時代のつる

きますと断るのを、これ幸いと私は銭湯に行くと断って宿を出た。銭湯とはウソ、私はこの間に、どこか稼ぎ口を見付けようと考えたからである。歩いている間に、途中で豆腐売りの婦人に出会い、このあたりに料理屋があるかと訊いてみたら、その言葉つきが沖縄の人らしいので、沖縄語で話しかけると大そうよろこんですぐ案内してくれた。

この座もやはり辻から来た人で、地方《じかた》がなくて困っていたところ、とよろこんでくれた。この辺の料亭の女は検査を受けることになっているが、あんたは宅の娘ということにしておいたから、その心配はいらない。台所を手伝ってくれて宴会のときだけ地方を頼むとも言った。これでまず口の干上がる心配だけはない。安心した心のゆるみに、今までの疲れが一度に出てきて一カ月ばかり床についた。

春ちゃんも無事に帰り着いたらしく、その母親から運賃のたてかえとして十円送ってきた。大島には一カ月半ばかりいたが、その内一カ月は病の床についていたから、働いたのは僅か半月である。

私はまた身の振り方を考えねばならなくなった。大阪には勿論帰る気はしない。宮古もいや、沖縄に帰って姉たちと相談してみようかとも思ったが、いまさら島に帰って百姓もできないし、辻は考えただけでも身の毛がよだつ。そうしぼってみると東京に出るほかはない。

大島で病気していたとき、恋の花のカミー姉さんに手紙を出し、「あんたに裏切られて、ヤケクソになり家出して、大島に来ているが、今病気で弱っている。大阪でさえなければ、どこでもよいから、あんたの顔でどこか勤め口を探しておくれでないか」と、言うてやったが、いつまで待っても返事がない。その内沖縄の姉から、一日も早く帰って来いと手紙が来た。

沖縄の姉のもとへ

大島のお店には医者の費用かれこれ三十円ほどの借金があったが、おかみはそんなものはどうでもよい、一度帰ってみなさい、とすすめてくれた。手許には春ちゃんの母親から送ってきた十円のお金しかなかったが、私はそれで沖縄行きの切符を買った。

二番目の姉はしっかりもので、そのころはすでに自前になって日新楼という店をはって、十四、五人の抱え子をおき景気よくやっていたが、あまり切れすぎて親しみがなく、今度も、大姉さんの許に帰った。私はこの人を母のように慕い、思う存分あまえた。

私が帰って三日目、六月の暑いさなかであったから、姉は私を藤椅子に寝かせ、クバウチワで下から風を入れてくれた。私は姉に背を向けて、うれし涙にむせんだ。姉は私がやせていると心配し、「あんたは小さいときから、お肉が好きであったから、姉さんは折目《うゆめ》の度ごとに、あんたのことを思い出して、喉を通らぬくらいだった。こんなにやせてかわいそうに。あんたに食べさせようと思って、ツマグ（豚足）を煮ておいたから、ひとやすみしたら起きてお食べ」と言ってくれた。

ちょうどこの日、私が大島から「恋の花」に出した手紙の返事が、東京芝浦の「おきな」という料亭の主人から届いた。カミー姉さんがこの店にかけあってくれたものとみえて、手紙の文面には、これは亀さんから直接あなたに行くはずのものを私が代わって書く、と前置きして、「県人会のおえら方や方々からのすすめで、今度沖縄料理と舞踊の店を始めることになったが、人がいなくて弱っていたところ、もしあなたが手伝ってくれるなら、またとない好都合であるから一日も早く来てほしい。旅費も送る。立つとき電報してくれたら、迎えに出る」との意味であったので、これでやっと東京への路がついたと、うれしさに胸が一杯で、姉が折角つくってくれた御馳走の箸をとることすら忘れて、しばし安堵の溜息をついていた。

姉はまた心配して何ぞ心配ごとの手紙ではないかと、のぞき込むので私は詳しくわけを話し、開き直ってはじめて「ウファバー」と口をきった。私はこの姉の抱え子として六年間暮らしてきたので、こ里の習わしとして「アンマー」と呼んでいたのであるが、今日久しぶりに「姉さん」と呼びかけ、幼い昔にかえってあまえてみる気持になったのである。

「一生のお願い、どうか私を東京に出して下さい。私の芸能を生かすためには、広い東京に出なければなりませんから」と頼んだが、姉は急には承知せず「あんたがこちらから出たら大阪の人がつけまわすかも知れない。当分は姉さんの側を離れないほうが安全でしょう」とも言ってくれたが、「私はどうでも東京に行きたい、大島にも三十円ほど借金があるから、それと一緒に東京までの旅費を工面して下さい。姉さんのほかには頼むツナはありません。一生恩に着ます」と手をついて頼んだ。

「あんたは昔から、一度言い出したら後へはひかぬ性分だったが、いまもその通りだ。仕方がないから出してもあげようが、くれぐれも気を付け、この姉にこの上の苦労をかけて下さるな」と言いながら、ちょうどそのとき子供を抱えるために二百円ほどの模合を取りためてあった中から八十円出してくれた。私はおしいただいて、これでやっと安心し、姉が心入れの御馳走の箸をとった。

姉はまた言葉をついで、「あんたはそんなにやせて、あちらに行ったら好きなお肉だけは、質《しち》をおいてもおあがり」とも言ってくれた。四日目に鹿児島行きの船便があったので、それで立つことにきめた。前に私を三重城で見送ってくれた「カマラー」が今度もまた見送ってくれることになった。虫の知らせでもあったのか、私はいつになく「カマラー」との別れがつらく、夜っぴいて二人で五目並べをしてあそんだ。

船出の日には桟橋まで送ってくれ「あんたにあげるものは何もないが、取っておけ」と言って鼻紙を一帖おせん別にくれた。けれどもこれがこの世の永の別れになろうとは、神ならぬ身の知る由もなかった。私が東京に着いてから二、三日たって死んだ通知を受け取ったのである。この娘とはよくよくの縁であったから、私はここでこの子のことを少しばかり語らねばならない。

カマラーは屋部の隣村の安和の生まれで、私より三歳の年下であった。九つのときに父親につれられて那覇へ奉公に出た。「マチュー」（私の初めの名）と一緒に暮らせる所でなくてはいやとだだをこねて、私の二番目の姉の店にかけあいに来たのであったが、百五十円という前借を高すぎるといって話がつかず、親子は泣く泣く出て行った。

私はお使いから帰って、そのことを聞き、カマラーをおいてくれないなら、私もここから出るといってワンワン泣き出しので姉も手を焼き、それではまだそこいらにいようから呼び戻しておいで、ということになった。私はハダシのままとび出して、カマラーの名を呼びつづけて路地から路地へかけぬけて行くうちに、ある家から二人すごすご出て来るところにパタリと出くわし、つれて戻った。

それから二人は影のようにつれそって暮らしていたが、別れ別れになってから、音信もたえだえになっていた。よほど後になって、カマラーが役者あがりの男に打ちこみ、思いつめてわずらっているという話を風の便りで耳にしたので、私はその男に手紙を出して「あんたに見捨てられたカマラーグヮーは死にかかっている、このまま見殺しなさるおつもりか」と言ってやったが、何の手応えもなかった。

その内カマラーがとうとう狂い死にしたとの悲しい通知を受け取り、私は長い長い手紙を書いて、さんざん恨みをならべた末「あんたのような薄情男が畳の上で死ねた

左は悲嘆のうちに死んだカマラーグヮー。辻のバクチャーヤー近くの岩を背に内地の人が撮った。中央は姉の着物を借りて澄ましたつる

ら、私の十本の指を切って見せる」と言ってやった。

ところが不思議なこともあるもので、戦争中、その男が寝ているところをハブに打たれて死んだと聞き、天罰思い知ったかと心の中で叫んだ。それでもなお思いかえして、死んでしまえば罪も咎もない。せめてはあの世でなりと一緒になって下さい、と手を合わせて二人の冥福を祈る私であった。

東京へ

私は大島に上陸して借金を払い、三時の出航に間にあわせるつもりで浜にかけつけてみると、二時半に錨をあげていた。私はおこって船宿にかけつけ「あの船に乳呑児を残してあるがどうしてくれる。三時という広告ではなかったか」とねじこんだので、ボートを出してはくれたが、漕手は一人しかなく、私が手伝って二人で懸命に漕いだ。

船が方向転換を始めたので「あねご、もうだめだからあきらめなさい」というので「赤ん坊をどうしようというのか。あんたがだめならあたしは泳いで追っかける」と、とび込む気勢を見せたので勢いに呑まれて漕手も「マアマアしずまりなさい」とオールをあげて船に合図し、船脚をとめてもらい、やっとのことで追いついて、ハッチから押し込んでもらった。赤ん坊といったのは、私のとっさの機転であった。

やっと東京に着いた。電報してあったので、「おきな」から迎えの自動車を出してくれてあった。

この店には、私のほかに三人の女中がいた。三人ともこちらの人で、そのうちの深川生まれの娘が特に私と親しかった。給料は私が二十円、他の三人が十五円。これでは化粧代も出ない。ひとつ皆でストでもやらかしてみるか、とよりより話しあっている間に、ついにその機会がきた。

この店にきてから四、五カ月たったころ、私は一週間もかかって松竹で琉球音曲を五枚吹き込み、印税としてレコード八十枚もらった。そのうち四、五十枚売って記念の時計を買い、なお、二、三十枚は残っていたが、一日、皆でレコードを掛けて夜おそくまでさわいでいたら、「うるさいからやめろ」と主人にどなられた。虫のいどころがわるかったので癪にさわり、二、三十枚のレコードをその場で叩き割り、それをきっかけにその夜四人そろって、風呂敷包み一個ずつ抱えてこの店を出た。

別に行く所もないので、堀川真知子（沖縄出身の女優）の母親が、そのころ柳島に泡盛スタンドを出していたので、ひとまずそこに落ちのびることにした。柳橋の上に来たとき、私は世の中がうるさくなって、いっそのことこのままとび込んでしまおうかとも思ったが、姉のことが気になって、思いとどまった。

ちょうどそのころ、東京ではどこの下宿屋でも「琉球人、朝鮮人お断り」の札を書き出してあった。そんなことから大抵の人は姓名をかえ、沖縄人ということをひたかくしにかくしてきたものであった。その中でたった一人姓名もかえず、堂々と沖縄人で通してきた御仁があった。私は今でもこの先生を心から敬愛している。

その後、日比谷公会堂での会合があって、私が二階に上がるところを、下りて来なさる先生に、階段の中ほどで出会い、私は「先生もうお帰りですか」と初めて声をかけてみたところ、「ウン」といったきり、振り向きもされなかった。私はとっつきに

松竹で琉球民謡のレコードを吹き込だときの記念

くい先生だとは思ったが、決して憎いとは思わなかった。

その間に「おきな」の友人の山口という弁護士さんが、私たちを迎えに来た。「私らの仲間で別に十五円つくって、三十五円の月給を出すから、琉球音曲をひろめるためと思って、機嫌をなおして帰ってはくれまいか」とたっての望みに断りきれず、再び「おきな」に逆戻りした。

そのころ、新宿の一劇場で演芸大会の催物があって、落語や俗謡に混じって琉球舞踊を一枚はさむことになり、私が「加那よー」をうたう番組になっていた。私は一生の思い出と思い、蛇皮線に因んで七円五十銭はり込んで蛇皮の草履を買い、それをはいて出かけた。

舞台はたしか、駅の裏側にあったと覚えている。入口には「山入端つる」の立看板も出ているので、沖縄音楽の紹介になるとはりきって舞台に上がってみると、だだっ広い観覧席にはどこかのご隠居らしい老夫婦が二人、チョコナンとすわっているきり。私はぐっと癪にさわり、そのまま席をけって楽屋に引き揚げ、「なんで琉球舞踊を組まずに前座においた。沖縄を馬鹿にするな」とタンカを切ったので、支配人がひらあ

東京に出て「おきな」で働いていたころ

やまりにあやまった上、二円の謝礼を差し出したので私はそれを叩きつけ、そのままプイと出て行った。蛇皮の草履にも恥かしく、東京にももうそろそろ嫌気がさしかけた。

「おきな」の評判も、日を追うてよくなり、沖縄や大島のお歴々もひいきにしてくれ、警視庁やその他のお役所の宴会も度々引き受けるようになり、また大宴会に琉球舞踊の注文を受けることも度々あった。

あるとき、この種の大宴会に私もよばれ、三味線を抱えて出て行った。行ってみると、大勢の芸者衆が箱屋（三味線持ち）を従えて、シャナリシャナリとくり込んで来るなかに、三味線グヮー抱えて立っている自分がわれながらみすぼらしく、そのまま逃げて帰ったところ、「おきな」のオヤジさんが、自分が箱屋の役とつとめるから機嫌なおして出てくれといい、またお座敷からも催促があったので、思いかえして出た。

そのころ警視庁の偉い役をしていた大島の方が、私の三味線にあわせて立ち「御前風」をひとさし舞いおさめ、私も思う存分うたいまくった。お祝儀二十円、車賃十円、ジャンジャンうたいまくり弾きまくったおかげで、やっと腹の虫もおさまって自分でもはじめて笑顔で帰り、その三十円を皆におごってやった。

ちょうどそのころのことである。二十二、三の若い女が写真一枚を頼りに夫の行方を探して、はるばる沖縄から出て来て、どうか力になって下さいと訪ねて来た。夫の名は勿論わかっており、医者を開業しているとは聞いているが、どこにいるかは皆目見当もつかない。全く雲をつかむような話であるが、女同士の身の上の頼りなさに私はひどく同情し、主人に断ってしばらくこの家においてもらうことにした。

会う人ごとに写真を見せて、心当たりはないかと尋ねてみたが、何の手がかりもなかった。そのうち医者ということに気がつき、ちょうど堀川真知子の父が医者であったから、その交友関係をたんねんに洗ってみたら年賀状に同名の人を見出し、所番地を書き取り念のため探して行ってみることにした。

仙台の在所で旅費だけでも二人で三十円はかかるが、探し当てたら帰りの汽車賃と宿泊費ぐらいは出させてやろうとたかをくくり、往きの汽車賃だけを用意して二人で出かけたのは乱暴な話であった。私はいつも物ごとは案ずるよりも産むがやすい、大抵のことは思い切って踏み切るに限ると信じているので、今度もその伝でいった。

朝の六時に上野を発つことにしていたが、朝寝坊の私たちには六時に間に合わせるのはなかなか骨であるから、前の晩はとうとう寝ないで夜明けを待った。その日の四時ごろ着いて、雪の中を探しまわって漸く病院をつきとめた。腹をこさえてからおもむろにこれからの作戦を立てようと思った。別れてから一年余も音信不通になっていることからみると、きっと別の女ができているにちがいなく、ヘタをすると逃がしてしまうかも知れない。これは体当たりで有無をを言わさず取っておさえるに限ると思いつき、本人には山入端と名乗らせ、外来とよそおって入って行った。

廊下を通るとき、小児科の病室のドアがあいていたのを何の気もなしにのぞくと、そこに立っていた若い医師の横顔を、よし子（この女の名）が見て、あっあの人だと言ったので、近よろうとすると、そこは小児科だからちがいますと、看護婦に引きとめられた。病院を出て二人で近くの旅館に入り、これから先のことを打ち合わせた。

まず病院に電話をしてみたら往診で留守だとの返事。手紙も出しておいたが、それも封のまま机の上にあるという。西も東も知らぬ旅の空にはるばる尋ねて来て、姉さんのおかげでやっと尋ねる人にめぐり会えたと思ったらこの始末、とはりきった力もぬけてさめざめと泣きくずれた。

私ははたで見ているのがつらく、夜の十一時ごろもう一度電話してみたら、いるという。電話口に出てもらってさんざん怨みを言ってやったところ、無理もないがこれにはいろいろ込み入った事情もあるから、お目にかかってお話しするとあって、間もなく本人がやって来た。

「よし子、よくやって来たネ」とやさしい声を掛けられて、よし子はうれしさ懐かしさで男の膝に泣きくずれた。私はこの場をはずして二人きりにしてやろうと思い、二人でよく相談してみなさい、私は用事に出てくるからと雪の中を一時間余もうろついた。

戻ってみると男は帰った後で、よし子一人泣きはらした目をして待っていた。下宿の娘と懇意になって結婚し、その家から開業費用も出してくれたので、いまではぬきさしならない義理にはさまれているから、これまでの縁とあきらめて沖縄に帰ってくれと、宿泊費のほかに旅費として七十円くれた、ということであった。

私もいろいろ考えてみたが、いまとなってはどうにも仕様がない。「あんたがほんとうにその男を愛しているのなら、男の幸福のためにきれいに別れておあげ。あんたは沖縄に帰って適当な人を見付け、新しく踏み出すようになさい」と諭してみたが、「どのつらさげて沖縄に帰れましょう。大阪に兄がいるから、そこに落ち着くことにします」とやっと納得して帰った。それから半年ほどたって良縁を求め、いまは姫路で家を持ち幸福に暮らしている。

よし子をつれ帰るときのことである。よし子は駅に着く度ごとにえり巻のフサを結んでいるので、何のおまじないかと聞いてみたら、字が読めないのでいくつ目の駅とおぼえておくためと言っていた。一人でもいま一度会いに行く気かと思い、女の一念を身につまされて悲しくなった。やっと上野に帰り着いたのは、夜も十一時をまわっていた。

子育ての巻

戦時下に希望を求めて

一杯呑屋を始める

その後かれこれ一年間勤めて、いくらかの金も残したので一軒店を持とうと思い立ち、八丁堀に手ごろの家を見付けて権利を買い、一杯呑屋を始めた。自分の名を取って「つる屋」の看板をあげた。船着場のことで客足がよく、泡盛一杯十銭、七、八人分のカウンターもとった。昭和十三年のことで、姉に初めてよい孝行ができたと、限りなくうれしかった。

その年の秋ごろから戦争もいよいよたけなわになって、灯火管制が始まり表の電気がとめられ、商売の景気はひどく落ちた。けれども食べていく分には不自由しなかった。

私はかねがねから兄弟の子供たちを引き取って、東京で勉強させてやろうと考えていたので、二番目の兄の長女・小枝子を呼びよせて、京橋小学校から家政女学校に受験させた。母姉面接の日に私はモンペ姿で出て行ったが、家の商売は一杯呑屋と正直に答えたのがいけなかった。不合格らしいので、また例の虫が起こり「呑屋がなんでわるい。私がウソをついて呉服屋とでも言ったら通したか。宅では娘は絶対に店には出さないことにしているが、それでもいけないのか」とタンカを切った。

こんな学校に頼まれても入れるものか。いっそのこと、大島の女学校にでもやってみようかと考えている間に、どう風向きがかわったのか、合格通知のハガキが舞い込んできた。これで機嫌をとりなおし、私は一晩担任の女の先生を新橋のすきやき屋に御案内して礼も言い、これからのこともお願いしたら、その先生に「あんなときにタンカはいけませんね」とたしなめられ赤面した。

子供が片づいたので肩の重荷がとれ、身軽になって自転車一台買い、魚市場の買い出しや、泡盛の配達に毎日とびまわっていた。姉はもう五十代になっていたが、この姉には母親同様の世話をかけたから、東京見物にでも呼びよせて、孝行してみようという気になり、旅費を送るから来ては下さらぬかと手紙を出したら、旅費を送るには及ばぬ、きっと行くと返事があり、昭和十三年の秋ごろ七歳の子供一人をつれて出て来たのを、神戸に出迎えた。八丁堀のお店を開いてから二年目のことで、姉も満足し、ひと月ほど遊んで帰った。私もやっと大恩のあるこの姉を、安心させることができたわけだ。

兄や他人の子を養育

私という女は、自分の腹を痛めて生んだ子は一人もいないが、兄弟や身も知らぬアカの他人の子までも引き取って育てあげたのが幾人もいる。酔狂といえば酔狂かも知れないが、本来淋しがりやの性格からきたものであろう。

二番目の兄の娘小枝子を女学校にあげて間もなく、三番目の兄の長男一雄がやって来た。父親がなくなって姉たちに引き取られていたのを、男の児はここでは育てにく

霊岸島にいたころ。中央がつる。抱いているのは健坊。右端は萬郎の長男・一雄

いからそちらで教育してほしいと、姉たちの頼みで引き取ったものである。

このほかに、戦争中のことであった。六カ月の腹を抱えて始末に困っている女が、私に相談を持ちかけてきた。生めよ殖やせよの時代に、子宝を粗末にするものではない、生まれる子が女でも男でも、私がもらい受けるから決して無分別のことをしてはならないと戒め、月満ちて女の子を生みおとしたので、私が引きとり私の娘として籍を入れた。私はこれで一雄を入れて三人の子持ちとなった。

戦争もだんだんはげしくなって、東京は毎日空襲警報のサイレンにおびやかされ、夜もオチオチ寝られない有様になったころ、子供たちを沖縄に疎開させるよう姉たちからすすめてきた。そのころは、まさか沖縄が最後の激戦地になろうとは夢にも思っていなかったので、三人の子供たちに女中を一人つけ、神戸まで見送っていって沖縄に帰した。

子供たちが出はらってから二、三カ月もすると家の中がカラッポになったようで、私は淋しくてたまらなくなっていたら、知りあいの産婆さんが「故あって両親の名はあかされないから、それを承知でお宅さんで引きとっては下さるまいか」と、生れて

戦争に入り、再び沖縄から甥や姪たちが、つるを頼ってきた。

二十三日目の男の赤ん坊つれ込んできた。私はそれを文句なしに引き受け、健と名付けてミルクで育てることにした。

酔狂にも程があるとひと様から言われるくらい、そのころの私は商売のかたわら身を粉にして育児につとめ、疲れはてて立ちながら眠ることさえあった。そのころはミルクも勿論配給であったから、風雨の中を健坊を抱き、女中におしめを持たせて京橋公会堂まで配給をもらいに出かけて行ったところ、すっかりカゼを引かせてしまい、それがこじれて急性肺炎になり、浅草橋の小児科病院に入院させた。

眉屋の跡取り

第一回の空襲が始まり、病院でも灯火管制をしていたころで、私は病室につめきりであったが、好きなタバコも吸えず、健坊を抱いて地下室に息をそめていた。牛乳ビンを肌に入れて温め、月明かりを頼りに養っていた。どうでもこの児を助けねばならないと思い、自分の苦労など考えるヒマもなく懸命に看護した甲斐もなく、とうとう助からなかった。生みの親を呼びよせて引き渡し、一人前の弔いを出し小さい位牌も作った。

これまでの疲れが一度に出てきて、その翌日、私は一日中コンコンと眠りつづけた。母親が帰るとき、位牌をもらい受けたい希望であったが、私は断り風呂敷にくるんで懐に抱きしめ、空襲下の壕から壕に逃げまわった。健坊を抱きしめている気持ちで「健坊や母ちゃんの懐でおやすみ」と言い聞かせながら……。

そのうち沖縄のほうもだんだん安全でなくなって、帰ってから一年たつかたたぬ間に、一雄が再び上京して来た。兄たちも死にはててこの児一人が門中の一粒種子であってみれば、どうでも成人させてやらなくては御先祖に申しわけが立たない、と手塩にかけて育てあげ大学までもやらせた。

はじめ一雄が京橋の小学校にいたころ、学校全体が埼玉に疎開し、一週一回保護者の面会日があったので、私はかかさず出かけて行って様子を見届けたが、児童らはシラミがわいて、戦争のつらさをしみじみ感じさせられた。そのうち和歌山の姪が子供二人を抱えて来たいとあって、私は和歌山までわざわざ出かけ三人を迎え取り、姪には仕事を探してあてがい、子供らは私の手で学校にあげた。

いとこたちをつれて和歌山を立つというときのことである。

私はいとこをつれて熊の浦の漁師町に鰹節を買いに行った。男も女も腰のまわりをかくしている程度で、全く糸満を思わせる生活状態であった。鰹節は沢山あったが共同出荷になっているらしく、小売りはしてくれなかったので生干しを買うことにした。お腹もすいていたので、お醤油をもらってむしって食べてみるといかにもおいしく、それに腹もちがよく翌日まですかなかった。それを買い集めリュックにつめてきたが、駅にはお巡りが張り込んでカツギ屋を取りしまっていると聞き、面倒だから次の駅まで歩いて、そこから乗り込むことにした。

浜伝いにトボトボ歩いていると、砂浜の照りかえしが強く脂汗がにじみ出るので、ひと浴びして行こうと二人とも荷物をおろして海にとび込んだ。下着を洗って砂浜に乾かし、さっぱりした気持ちになってやっと目指すところに着いた。そこから汽車に乗り込んだが、堀川の家は錦糸公園を越したところにあった。そこにもまた張り込みがあるらしいので、一つ手前の駅で降り、歩いて家に着いたころは夜も相当おそくなっていたが、皆をおこして生干しを食べさせたら、よろこんでいた。

疎開の巻

にわか百姓奮戦す

空襲で焼け出される

そうこうしている間に、千葉の山奥の亀山というところに売家があると聞き込んで、買うことにした。子供たちをそこにやってみようと思い立ったからである。そのころは男も女も四十歳以上でなければ疎開してはならない掟で、料亭もみな整理されたが大衆呑屋だけは除外された。

私のいとこに当たる小母さんは、このとき四十歳を超していたので、私はこの人を子供たちにつけて千葉にやり、私だけはこちらに踏みとどまって商売をつづけることにした。そのとき私は、お国といっしょならいつ死んでもよい、と心の中で誓った。

子供たちは疎開先の学校にあずけた。お店は女中一人を相手に商売をつづけていた。月二回泡盛の配給を受け、一杯酒の売り出しにありつくために、五時開店のところをもう二時ごろから行列が立った。道路が狭いので私はモンペをはき、腕章をつけて毎日交通整理に当たり、開店時間がくると裏口から入りエプロンをかけて店に出た。

四月九日、十日の大空襲に店は直撃を受けて全滅、自転車一台辛うじて取り出した。琴が一丁、三味線が一丁、これは小母さんたちが疎開のとき、持って行こうと言ってくれたのを、私は楽器とは一体だからと持たせてやらなかったのが、二つとも焼けてしまいがっかりした。

店が直撃を受けたとき、私たちは近所の人々といっしょに霊岸橋のたもとまで逃げて行った。学校に避難した人も大勢いたが、その人たちは再度の直撃を喰らって全滅した。私はとっさに思いついて、なまじっか建物のあるところは却って目標になる心配がある。これはなんでも、目標になる心配のない焼けあとに限ると思い、橋向こうの原っぱに逃げた。飛火のために防空頭巾に火がつき息の根がとまりそうになったので、川にとび込もうかと思ったが、大震災当時のことを思い出してやめ、頭巾だけを水にひたして火を消した。

聖ロカ病院は敵が空襲をひかえていたため、安全地帯になっていた。ちょうどその裏手に姪たちが住んでいたのが、夫婦で迎えに来てくれたので、そこに行くことにした。店も家も家財道具とてもなくなって、私は却ってサバサバして姪の家でのんきに暮らしている間に、後にもさきにも例のないくらい太った。年がら年中、生活に骨身をけずられてやせていたものとみえる。

健坊のお墓は深川にあった。大空襲の翌日、私は明日千葉に引き揚げる段取りがついて、見届けかたがた墓参りに行った。無論乗物といってもないので歩いて行った。途中は死人が折り重なっていた。それをとび越えとび越えして行きながら、死ねば皆こんなになると思い、この世の中にこわいものはもう一つもない気がした。

寺も直撃を受け全滅し、墓地だけは無事であったが門がしまって入れず、門の外で合掌し「坊や、母ちゃんは明日ここを立つから、どこまでも母ちゃんについておいで。この分では母ちゃんもおっつけ、坊やのところに行くかも知れないから待っておいで」と心の中で祈って立ち去った。

途中で気が付くと、帯の間にはさんでおいたはずの財布がないので、急いで引きかえしてみると、ちゃんと門前に落ちていた。約一時間もたっていたのに、健坊が守っていてくれたものにちがいない。

姪の家に引き揚げてから、私は健坊の位牌をこの家の仏壇におかせてもらい、写真だけは肌身離さずにいた。仏壇にお供えする茶わんやその他の小道具を門前仲町まで買いに行き、子供らしい可愛いものをそろえて帰り、「坊やいまお水を呑ませてあげるからね」と言い言い勝手元で洗っていると、姪が私の手もとを見つめて涙ぐんでいた。いざ、お供えしようと、仏壇の前に行ってみると位牌がない。

ハッと思って聞くと、姪が涙を拭き吹き、「実は姉さんが買物に行った留守の間に母親が来て、位牌を戴いていくと断って持って行きました。誠に相すみません」としきりにわびるので「いいわよ、位牌なんかたかが板切ではないか。そんなものはどうでもよい。健坊の魂はチャンと私にくっ付いているからそれで沢山」と言いながら、買ってきた茶わん道具をすっかり叩き割った。私という人間は、すんでしまったことはすぐあきらめて、決して未練を残さない性質である。

千葉の山奥へ

千葉での疎開先は、三右山の麓にある亀山という人里離れて不便なところで、それから北に二里ほど離れたところに、松丘というちょっとした町がある。小母さんは亀山で百姓のまねごとをしていたが、私は百姓仕事はなれないし、第一淋しくてやり切れないので、一雄と女中をつれて松丘に引き移り、寺の一間を借りて住むことにした。

この寺には一年近くも暮らしていたが、ある日、配給をもらいに行ったら係の人に所名前を聞かれ、沖縄と答えたところ、不思議そうに見あげ見おろしするので、グッと癪にさわり「あんたはそれでも学校に行ったことがあるのか」とやりこめてやった。

お寺の和尚さんは隣組長などもつとめたことがあり、物わかりがよく私が配給所の係員の話をするとすっかり同情し、ちょうどこのとき、敵軍沖縄上陸の臨時ニュース

千葉県に疎開中下宿していたお寺の山門

があったので、和尚さんは隣組三十人程の主婦たちを集め、沖縄にあやまりましょうといって一同黙祷を捧げてくれたのはうれしかった。

晩の七時、沖縄情報のニュースの後で「浜千鳥節」が流れてきた。私は感きわまって、さめざめと泣いた。このころから私たちは和尚さんを先頭に毎日山へ松根掘りに行った。飛行機用の松根油《しょうこんゆ》の原料となるもので、この油で飛行機を沖縄に飛ばさせるのだと聞いて懸命に掘った。

私は山原育ちで山仕事にはなれているので、毎日の仕事がたのしく仕事をしながら思う存分うたった。仕事の最中に足首を捻挫させたが、医者というのもいない。ほっておいたらいいあんばいにそのまま固まったが、いまでも大きなコブになっている。

このあたりは敵機の東京への侵入路になっていたので、爆音を聞かぬ日はほとんどなかった。日本中の人が笑いというものを忘れてしまったかに見えたそのころでも、笑いのタネだけはどこかに残っていたものとみえ、一日一同仕事をおえて山から帰る途中のことであった。先頭に立った和尚さんのそりたての頭が月の明かりにピカピカ光るので、私は思わず大声をあげて「和尚さん頭をかくして、目標になる」と叫んだので、和尚さん自身が頭をかかえて、皆と一緒に笑いこけた。

八月の十五日は、いよいよ日本降服の日で、陛下の御声をラジオで聞いて皆泣いた。けれどもこれで戦争は終わったのだ。私らも久し振りにねまきにくつろいで休んだ。沖縄ももう全滅した。再興の任務が生き残った私たちの肩にかかっているとすると、私にできる仕事は音楽のほかにはないとすぐ気がつき、いよいよ決心を新たにした。

戦争のまだ終わらぬころ、私のいとこの子が飛行学校にいた。三カ月間みっちり訓練を受けて沖縄に飛び立つのだと張り切っていた。私はお萩を重箱に一杯つめて面会に行った。十分間の面接時間と限られてはいたが、私はレコードを売って買った女持ちの時計をはずして腕にはめてやり、これを「をない神」と思って、危ないときには一生懸命祈りなさい、と教えた。終戦と同時に学校も解体となり、九州にいた弟を呼びよせて、二人で私のところにころがり込んできた。弟というのは一雄と同年で、二人つれ立って学校に通う後姿を、私は頼もしくながめた

食料自給にはげむ

私は松丘の東一里ばかりの柳というところに、二十年契約で一反歩ほどの畑を借り、また地つづきの山も手に入れた。亀山の家をこわして松丘に運び、山から木を伐り出して、二十五坪の二階家を建てた。建前から四カ月ほどもかかって、そろそろ出来上がりかけたころ建築許可を取りに役場に行ったら、沖縄人には許可しないという。沖縄を日本とは思わぬのかとねじこんだら、講和条約の結果どこの国になるのかいまのところわからぬとの返事。

馬鹿くさくてあいた口がふさがらなかったが、ここで争ってみてもはじまらぬと思い、一旦帰って棟梁に相談したら、そんなことは何でもない、がまんして松丘生まれと言ってみなされ、と知恵をつけてくれたのでとってかえして「先刻のはまちがっていました。実は松丘生まれですから訂正します」といったら、「それなら差支えないでしょう」と、即座に許可の印を押してくれた。役人の杓子定規は大抵こんなものである。

家が出来上ったころ、いとこの娘の初子が大阪から出てきて五人の子たちがここに住むことになり、私はまだお寺の一間にいた。和尚さんは私のサバサバして男のような気性がひどく気に入り、よく面倒を見てくれた上、これから毎晩お経でも教えてあげようと、宅の家族六人、お寺の子供ら四人、都合十人を集めてお経の読み方から教えてくれた。子供たちは和尚さんの口についてお経を唱え始めたが、私自身はお経の本をひろげ、そのかげにかくれていろいろと明日の生活設計を考えていた。皆が本をめくると私も急いでめくったが、その実、上の空であった。

私はこの時分いくらかの現金を持っていたので、また物資も自分の手で作っていたので、一度も竹の子生活をしたことはなかった。お経文で顔をかくしていながら、ここで一つ大百姓になって、疎開者を小バカにする百姓共を見かえしてやろうと、とてつもない大きな夢を見ていた。

こんな時代には何よりもまず食糧だと思い、毎日自転車をとばして山や畠を見まわった。サツマイモやジャガイモは勿論、おかぼ（陸稲）までも作ってみた。ところが俄《にわか》百姓の悲しさ、通例反当たり八俵というところを、せいぜい二俵しかとれなかったのは大笑いであった。

子供らが玉子を欲しがるので、ニワトリを十羽ほど買って玉子を産ませ、それをかえして五十羽ほどに殖やした。私が器用に玉子をかえすので百姓たちも不思議がり、ヒヨコを買いに来てついでに親ドリも一緒にと言うのをそれは断った。

百姓がヒヨコを七羽買って行くことになり、それだけの代をおき、かぞえてみると六羽しかなく、後の一羽がどうしても見付からない。どうしたことかと思ったが、百姓は「ようござんす、一羽はこの次に戴きます」と言って帰った。

ところがどうだろう。私が御不浄に入ってみると、隅のほうに一羽のヒヨコがしゃがんでいるではないか。私は胸がつまる思いで、「お前も身売りはいやだったか」と身につまされて、そのヒヨコがいとおしくなり、鳥屋《とや》にも入れず居間で飼ったところ、だんだんなれて私の膝や手にのるようになった。大きくなってから鳥屋に移してまで

千葉県の疎開先で自転車で畑仕事に向かうつる

も、私がえさ箱を持って鳥屋に入ると、やはり手にのってエサを食べた。

　私はまた犬が大好きで、なんとかして毛並みのよいのを一匹手に入れたいと考えていた矢先、畑からの帰り道一人の男の児が可愛い犬っ子を抱いて通るのに出会い「坊やそれを小母さんにゆずっておくれでないか、お金はほしいだけあげるから」と頼んでみたがいやだというので、その児の後をつけて家まで行き、家の人々に頼んでみたら、それほどお気に入ったらおゆずりしましょうと手放しくれた。三千円という法外の価が親たちを動かしたものかも知れない。

　秋田犬のメスで雪の日に手に入れたから、「ユキ」と命名して可愛がったらすっかりなついて、一日中私の後をつけまわして離れない。ある日、御法事に行ってお焼香していると、クスクス笑う声が聞こえるので、何ごとかと思いうしろをふりかえると、ユキがチョコナンと私のうしろにかしこまっているではないか。私は思わず赤面した。

　またある日など牛の草刈に行ったところ、ユキが物狂おしく吠立ててしきりに私の着物のすそを引っぱるので、ただごとではないと思い向こうを見ると、草の中に大きなマムシがトグロを巻き、カマ首を持ちあげていた。私はゾッとしてユキをつれて逃げた。ユキがいなかったら、すんでのことにマムシにやられるところであった。

私はユキに、このヒヨコをいじめたら承知しないよ、と言い聞かせたらわかったとみえ、それから仲良くなってヒヨコがユキの背にとまるようになった。鳥でもけだものでも人の真情は通じるのに、なぜ人間には通じないのだろう。

除隊兵雇って開墾

私はお寺を引き揚げて新家に移った。そのころ丸ビル内の県人会事務所で、主なる県人の疎開先を調べあげてあったのを見て、沖縄出身の除隊兵が五人訪ねて来た。食うにも困っているから使ってくれとのことで、私はこの若者たちを開墾に向けた。私は山を切りひらいて段々畠をしたて、芋類から麦粟までも作った。粟がよく出来たので、香ばしい粟入りごはんを炊いて御馳走しようと思い楽しみにしていたら、カサカサしてノドに通らない。どうしたことかと思うと籾摺りを知らず、殻のままだったのは大失敗であった。

そのころ私は馬力を雇入れ、また牛を一頭買い、畑との往復運搬に使用していた。沖縄兵の第一回の引き揚げが始まり、若者たちが帰ることになったので、千円ずつやって送り出した。家族がまた三人きりになって、野良仕事にも差支えるようになり、農繁期には人夫を雇った。初子をいつまでも草深い田舎におくのが気の毒になり、東京に出し深川にあずけてミシンの稽古をさせた。

家は一雄と二人きり。土曜ごとに初子が来るのがたのしみで、その帰りには畑物などを背負わせて、東京の知人に配らせた。私は寝てもさめても三味線のことが気になり、なんとしてでも手に入れたいと考えていた矢先、東京に出物があって、モチ米を二斗出して交換した。それから間もなく、初子が琴の出物を見付けてくれ、モチ米一斗で手に入れることができた。これでやっと年来の望みがかなって、こんなうれしいことはなかった。

畑にはお茶の木も相当あったので製茶を始めた。五貫の茶葉から二百匁のお茶しかとれなかったが、それで結構間にあった。おジャガも相当よくできたが、盗まれるのには閉口し腹も立った。近所の百姓の女らしい見当も付いたので、現場をおさえてやろうと思い立ち、夜中の三時ごろ張り番に立った。

ちょうど月の明るい晩で、身をかくす必要から私はおとくいの木登りで柿の木に上り、柿の実をもぎって食べながら待っていたらユキが私を見付け、下でワンワン吠えたてる。これでは番人がかくれていると教えるようなもので、仕方がないから降りて帰った。私は女なら組み打ちしても負けはしない。お互い様のことだから、くれと言われればくれもしよう。夜よなか何の断りもなく取って帰ることだけはおよしなさい、と言ってやるつもりであった。

そのころまた村の秋祭があって、東京から天津乙女劇団が乗りこんで来た。家ごとに米二合ずつ出しあうことになっていたが、米の手持ちが少ないので、野菜を馬力に積みこんで提供することにした。人夫が「おかみさん、めっそうもない、大根一本で沢山ですよ」というので、「あんたの指図は受けぬ」とそのまま積み出してやった。ところが一行が引きとる段になって足がなくて困っていたので、私が馬力を出し次の興行地の九十九里まで送り届けることにしたが、夜も大分おそく馬力は翌朝の十時ごろ帰って来た。

私はできるだけ年寄のお友達をつくった。こだわりのない茶呑話の間に世間のうわさや、人のうわさも聞くことができたからである。ある日、自転車でとびまわっていると、庭先でおひつ入れを作っているおじいさんを見付け、車をとめ立ち寄って声をかけた。

「おじいさん精がでますネ」

「おめえさんは東京だネ、何しに来なさった。ナニ買出しとナ、ここの家は疎開を食い物にするタチのわるい人だから近寄らぬほうがええ。わしはこの家のわかれだが、代がかわってわしを邪魔者扱いにしくさって、食うものもロクに食わさず、見なせえ、わしはあの鳥小舎に寝起きしている。それでも毎日カゴをあんで食扶持《くいぶち》を入れている」

よくよく腹にすえかねていたとみえ、初対面の私にさんざんグチをこぼしながら、ショボショボした目で母屋のほうをにらみつけていた。

「只今のところではおはちに取ってご飯をさばくまでにはいっていないが、いつま

でこんなんでもあるまいからおひつ入れを一つ私にもゆずって下さい」と言うと、

「ナニ、わしが念入りに作って、おめさんのところに持って行ってあげる。ゼニはいらネ、それまで直しておくから、母屋の奴らにはだまっていなセー」

それからしばらくたって、おじいさんが杖にすがって、おひつ入れを抱えて来た。

「すまねーが、おめえさんのところに、わしをおいてくんなさるまいか。わしはまだ野良仕事の手伝もできるし、カゴも作る」

ちょうどそのころ紙幣の切り替えが始まったので、おじぃさんは胴巻の中から五百円の札を取り出し、

「これをオメエさんにあずけておくから、なんとかしておくんなさい。本家の奴らにはごねーしょう（内緒）におねーげーします」

「よいともおじいさん、宅はひろくて手不足だからちょうどよい。好きなだけいなさい」といって一間をあてがい、おいしいものもこさえてやったので、ひどくうれしがっていた。その内におじいさんは加減がわるくて半月ほども寝ついていたが、

「おめえさんにも、わりぃから、わしはけーる」といったので、五百円のあずかり

金とほかにいくらかの心付けをつけて帰してやった。それから半年ほどもたったころ、芋苗を買いにその辺へ出かけて行き、一カ月ほど前におじいさんが死んだと聞き、立ちよって焼香し香典をおいて来た。

その後は、御城の家を売り、いったん亀山に落ち着いて、東京へ引き揚げる準備にかかった。次から次へと話はつきない。いろいろと思い出の多い日常であった。誰の世話にもならず、誰の指図も受けず、自分で耕して自分で食い、人にも目をかけてやり、人からも大事にしてもらい、大地にしっかりと足をつけて毎日感謝の日を送っていた。私の生涯の中でこのころが一番たのしい、頼もしい時代であった。

敗戦直後、千葉県成田に沖縄出身者を慰問（後方舞台中央がつる）

芸能保存会の巻

三味線片手に東奔西走

沖縄芸能保存会発足

戦争中から、鶴見、川崎あたりには沖縄の人が大勢疎開しており、ときどき故郷を偲ぶ集まりなども催された。鶴見には歌の池宮喜輝さん、踊りの渡嘉敷守良さんなどの大家をはじめ、嵩元、宮城、浦崎さんなど相当名を売った芸能人が大勢おられた。それに比嘉良篤、米須清仁さんら財界人の後援もあって、昭和二十三年、これらの人々の間に、沖縄文化再建のために芸能保存会をおこそうという相談がまとまって、与儀みとさんが世話人になり、鶴見の浦崎さんのお宅で最初のふたをあけ、私が琴の地方《じかた》をつとめた。

その年の三月に、読売ホールで三日間公演し、平良リエ子が児玉清子とコンビで舞台に立ち、私は例によって琴の地方《じかた》をつとめたが、これがご縁となって勧められるま

川崎沖縄芸能保存会の人たち。前列左から2人目つる
その隣は佐久川昌子、1人おいて池宮喜輝、米須清仁

まに保存会の同人となった。

その年の秋に、第二回の公演を日比谷公会堂で二日間催し、そのときも地方をつとめた。このとき、渡嘉敷先生の指導で豊年踊りが上演され、与儀みとさんが第一の老女を、私が第二の老女をつとめた。その後マッカーサー夫人の会に招待を受け、清子の踊りで地方は私がつとめた。それからアメリカの人々の間で沖縄舞踊が評判になり、たびたびこの種の催しがあった。沖縄芸能を認めてくれたのは、東京の人よりもアメリカの人が先であったと私はみている。

それからしばらくたって、花柳流の田中千代さんが日劇の地下で十日間芸能発表会を催したことがあり、田中さんが西崎緑先生のお弟子さんとコンビで「谷茶前」を踊ることになり、渡嘉敷先生のお仕込みで、地《じ》は十日間、私がつとめた。このときに初めて西崎先生とお会いすることができた。

その後マッカーサー夫人の主宰で世界舞踊会が催され、インド舞踊とならんで沖縄舞踊が取りあげられ、児玉清子の舞台で地方は例によって私がつとめた。このとき西崎先生を渡嘉敷先生に紹介した。西崎先生は、さすがにお目が高く沖縄舞踊のよさに

GHQのマッカーサー夫人に招かれ、琉舞を披露したとき。
後列左端がつる、1人おいて児玉清子、右端は渡嘉敷守良

ほれ込み「すばらしい、すばらしい」とほめておられた。それから一週一回、渡嘉敷先生について稽古を受けられることになり、かれこれ半年ほども続いたが、このときも地方は終始私がつとめた。

このころはちょうど西崎先生が新舞踊をあみ出して、行きづまった日本舞踊に新しい生命を吹き込もうと苦心しておられたときであったから、目新しい沖縄舞踊が先生のお仕事を助けたことはまちがいない。

後継者を育てる

渡嘉敷先生は、芸能は人知れぬ苦労が多くて、とてもいまどきの若い人々には辛抱できそうもないから、自分一代で打ち切るのだと言っておられたが、西崎先生の真剣な精進ぶりにすっかり感心して、この調子だと古典物までもこちらの人に取られてしまいそうだと、歎いておられた。

そこで私は、この芸能を絶やしてはならない。そのためには、筋のよさそうな子供たちを先生に弟子入りさせて、その芸を受け取らせるほかはないと思い付き、山入端初子、佐久川昌子、玉代勢千恵子、まち子姉妹、それに堀川真知子の五人に目を付けた。いまになってみれば、なんでもないようなものの、若い人々を芸能にかり立てるためにどれだけ骨を折ったか知れない。

佐久川昌子は、そのころ会社勤めをしていたが、沖縄に行ったこともなく、沖縄芸能に対しても、何の興味も持っていなかったが、母親が熱心で、ぜひとも芸を仕込みたいと私に相談を持ちかけてきた。けれども、本人はなかなか乗り気になってくれず、私は昌子を引き入れるために、「浜千鳥」をつづけざまに三回も踊って見せた。

渡嘉敷先生の芸を皆で受け取って保存するのだからと、頼むようにして勧めてみたが、よく考えさせて下さいといって、夜の十一時ごろまで考えこんで帰って行った。やっと得心がいって稽古にかかり、第二回目の発表会までには一通り仕上がり、初子とコンビで「かせかけ」と「浜千鳥」を踊った。これが昌子の初舞台であった。この子は最初の踏切りが慎重であっただけに、稽古に入ってからの熱の入れ方が真剣で、めきめきと腕をあげた。

はじめの間は、稽古場がなくて困っていたが、ちょうどそのころ、和久稲さんが川崎に家を建てかけていたので、六畳の板の間のまだ壁も乾いていないのを貸してもらい、毎晩六時から七時まで約二カ月ほども使わせてもらったのはよいが、猛烈な稽古ぶりで、とうとう床を踏みぬいてしまい、その足跡がいまもそのままに残って話のたねになっている。

そのころ、芝のカンカン寺に比嘉良篤さんが稽古所を建て、真っ先に昌子が会社をやめて入所し、西崎先生も金井喜久子も参加した。その後、喜久子が「宮古島縁起」という新作を渡嘉敷先生の振り付けで公会堂で発表したときに、喜久子のピアノに合わせて私が三味線を弾いた。ピアノと三味線との合奏は、これが初めてである。

千葉を引き揚げてから、私はしばらく墨田区の平川橋に一戸を構えていたが、芸能の打ち合わせなどで、川崎在住の人々とお会いする必要が多くなったので、便宜上川崎に引っ越した。

芸能への県人の熱意

昭和二十三年の六月ごろのことであったが、川崎のあけぼの婦人会が主体となって、公民館で沖縄芸能を公開する運びとなった。渡嘉敷亮さんが世話人であったが、金城時男さんがえらい熱の入れ方で、川崎市役所の古江亮仁さんがそれに動かされて肩を貸すことになり、役所とのわたりも付けてくれた。

お膳立てだけは調ったものの、肝心の経費が賃貸料から照明費など二万円余もかかるので、その調達に苦心していたところ、その辺のことは万事米須清仁さんが引き受けて下さることになった。なお足りない分は、「翠麗」のマダムに相談したら快く一万円出してくれた。私はその中から五千円ほど出してもらい、昌子をつれて舞踊の衣装を調えにあちこちかけ歩いたが、そのときのはればれしい気持ちはいまでも忘れることはできない。

翠麗がいまのように大きくなる前までは、牛込の神楽坂あたりで一杯呑屋を出していたもので、そのころ私は芝浦の「おきな」に住込んで、芸能一筋にあけくれていた。そのころこんな歌がはやった。

神楽坂行きゆめ、芝浦に行きゆめ
歌聞きゅんと思えば芝に行かな

こんな関係で懇意にしていたところから、今回の無心も気持ちよく引き受けてくれたのであった。

金城時男さんはひどく芸道に熱心で、自ら「御前風」を踊るのだと張り切り、米須清仁さんに通いつめて稽古にはげみ、お座敷の畳のへりがすり切れたほどであった。素人芸だから公開の席ではどうかと、一部の反対もあったのを私はその熱心を買って、皆を説きふせて出してあげた。当日は相当の出来ばえで、私はすすめた甲斐があった

終戦直後、舞台裏でつる（左）と佐久間昌子
着物はユカタ地を使って琉装に仕立てたもの

戦後、沖縄出身女優として活躍した堀川真知子（右）とつる

東京・目白の椿山荘で琉舞の地方をつとめるつる。右端は児玉清子

昭和 38 年、テレビの琉舞録画で三味線を弾くつる

とうれし涙がこぼれた。涙は親の死に目だけのものではなかった。沖縄芸能が神奈川県の無形文化財に取りあげられたかげには、こういう人々の熱意も与って力あったものである。

私の住まいから米須さんのお宅までは、ゆっくり歩いて二十分ほどの道のりであったが、私は歌の手合わせに毎日ほども通いつめた。歩きながら「仲間節」「諸屯」「瓦屋節」と口ずさんでいる間に、玄関にさしかかるという寸法の定まった足どりであった。そのうち、裏から裏へぬける近道を見付けた。

しもた屋の立ちならんだ裏通りで、夕景に帰るころは、方々の家からお夕飯の仕度の炊事のにおいが流れ出した。表に水をまいて亭主の帰りを待っているらしい甲斐甲斐しい女房ぶりなどを見るとき、私もさすが女で、ちょっとうらやましい気持ちにもなったが、すぐその下から一生台所にくすぶって暮らす人たちと比べて、自分のように芸道一筋に打ち込んでかけまわる生き甲斐を、ありがたいと思いかえしてみたりもした。

西崎緑先生

西崎先生は、西崎流舞踊の家元で本名は内海緑。八歳のときに西川喜洲の門に入り、昭和二十三年、三十四歳のときに西崎流を創設。新舞踊の振り付けにつとめ、日本舞踊に新しい息吹を吹き込まれた才人であることは、人の知るところである。昭和三十二年二月十八日、急性すい臓炎で亡くなられた。四十五歳。

私が先生とお近づきになったのは、芸能保存会の出来たころのことであるから、ちょうど先生が西崎流新舞踊を創作されたときで、それから三十二年にお亡くなりになるまで、十年近くの間、先生の芸道生活に影の形に添うごとく付きそってきた。ウマがあったというのであろうか、先生の地方巡業中、乗物の中でも、旅館でも楽屋でも、始終私を側に引き付け「私の縁の下の力になって下さいよ」と私の手を握って、言い言いしておられた。

九州各地をまわって最後に、鹿児島で三日間の発表をされたとき、先生の「鳩間節」がひどく受けて、三度もアンコールをされた。三度のアンコールということは後にもさきにも例のないことで、さすがに先生ご自身も満足され、旅館に引き取ってからしきりに盃を重ねながら「私をここまで持ち上げてくれたのは、山入端さんの縁の下の力です。今日はうれしい日だから、あなたもおひとついかが」と盃をさされたが、「私は歌の間は、一切酒類をたっていますから」と、お断りした。

先生が渡嘉敷先生について、沖縄舞踊の手ほどきを受けられてから、かれこれ半年ほども続いたには続いたが、一週一回のお稽古であったから、時間にしてはいくらでもない。それを先生独自の感覚でいかして、すっきりした新沖縄舞踊を組み立てられたのは、さすがである。

それにつけても、沖縄の芸能が広いところに出て、見聞を広くしない限り進歩の道はない、三味線の手さばきや歌の発声法などにも改良の余地があると、私自身は考えている。例えば、歌の場合でも口のあけ方が正確でないために含み声になりがちであり、また三味線の場合でも押手で棹を握らずに、拇指の天の下方の裏にあてるほうが、他の四本の指の運びが活発になって弦《つる》のひびきが正確になることを私は会得した。

西崎先生の十八番は「花風」であった。藍傘をさしかけての思い入れがなかなかよく、先生御自身もこのあたりの所作が大変お気に入ったらしく、また、藍日傘がとてもお好きであった。それでも西崎ファンの人々からは、沖縄ものなどに余計な力をわけずに、西崎流の日本舞踊に精進するよう勧告してくる向きもあって、先生もそれにはちょっと迷っていなさるふうが見えたので、私は極力沖縄舞踊の研究をお願いした。

それで先生も安心されたらしく、「今後は決してレコードなどでは踊らない。私の踊りはにせ物かも知れないが、地方《じかた》だけはあなたの本物を出して下さいよ」と固い決意を示された。いつぞや旅行中、私は乗物の中で先生に「西武門節」を教えてあげたことがあったが、先生が最期の病床につかれたとき、この歌を口ずさんでおられたと後で聞いた。

先生に関する逸話はいろいろある中で、こんなこともあった。北海道旭川での発表会のことであった。私の地《じ》で先生が舞台に立たれたときのこと、天井から吊したシャンデリアが、大きな音を立てて舞台の真中に落ちてきた。私は十六、七のころ、地方《じかた》はどんなことが起ころうと、手を止めてはいけない、それが芸能人のたしなみというものだ、と教えこまれていた。

一度など、一生懸命に地方をつとめている最中、大きなムカデが出て来て、だんだんこちらへ近よって来る。ハッとおどろいたが、ここが辛抱のしどころとこらえて弾いていると、私の敷いている座布団の下に入りこんだのを、そのまま膝頭でおしつぶしてしまった。私のほかには誰も気付かず、舞台にも間をあけずにすませることができた。

今度も私は天井のことなど気にも留めず、懸命にひき続け、先生も私の地《じ》にのって首尾よく舞いおさめられた。後で私は沖縄で仕込まれた話を持ち出し、あんなときには止めた方がよいでしょうか、と伺いを立ててみたところ、芸能人にとって舞台は戦場同様命がけの場であるから、どんなことがあっても、手を止めてはいけない。今日はあなたの一生懸命の地にのって、私も一生懸命舞台をつとめることができました、とひどくほめられた。

日舞に琉舞を取り入れた西崎緑

先生は「鳩間節」「浜千鳥」「谷茶前」「四ツ竹」「花風」なども好んで踊られたが、その中で「花風」が一番板についていた。

雨の中の花風

北海道を打ちあげてから引きつづき目白の椿山荘で発表会がある予定で、上野駅からそのまま芝田村町のお宅につれ込まれ、その打ち合わせをした。

「今度は一切、山入端さんの指図通りになるから、私に適当なものを踊らせて下さい」と言われたので、私は即座に「花風にしましょう。先生の花風は情があって大変によろしい。殊にあの述懐の場など、私も楽しんで地がつとまります」とおすすめした。

山水の美をつくした椿山荘のひろいお庭の青毛せんの芝生の上での踊りは、目もさめるばかり美しいものであった。ところが先生がいよいよ「花風」を踊られている真最中、にわかに夕立がやってきた。地方《じかた》はテントの中にいたが、先生は降りしきる雨の中で、そのまま踊りつづけられる。

私はお気の毒に思い、とっさの機転で途中をはし折って直ぐに「朝夕もお側」の述懐に入り、傘をさしかける場面に移らせてあげた。偶然のことではあったが、春雨にぬれての「花風」はまたとない出来ばえであったばかりか、私自身芸能人の命がけの覚悟を手を取って教えられた気持ちがした。

永のわかれ

椿山荘を打ちあげてから二、三日休んで九州をまわり、仙台後援会の招待で行かれることになった。この年(昭和三十二年)は私の大恩ある姉が七十三の賀の祝に当たっていたので、私は何をさしおいても真っ先に帰って、その席につかねばならぬと考え、電話で一カ月ほど沖縄に行って参りますからとお暇乞《いとまごい》をしたところ、

「三月三十日に仙台で発表会があるから、それに間に合わせて帰って来て下さいよ」と念をおされた。

四、五日たって、私は東京駅で特二の車両に乗り込んだら、思いもかけずその同じ箱に先生がおられた。よくよくの御縁である。

「沖縄のおみやげは何にしましょう、先生」とお聞きしたら、

「私の好きなものはあなたが知っているでしょう。着物は要りませんからね」といわれた。

それは花風傘のことであった。椿山荘での雨の中の「花風」は、先生にとっても一生の思い出であったらしい。

私は浜松で先生とお別れした。

「元気で行ってらっしゃい」と窓から手を振られる先生に、もう一度「さようなら」とごあいさつしたが、これが今生の別れになろうとは、夢にも知らなかった。

私は川崎沖縄芸能保存会や、神奈川県文化協会から戴いた感謝状を二通も持って帰ったので、姉は涙を流してよろこんでくれ、「あんたもこれで苦労してきたでしょうが、この姉も苦しい中からあんたを東京に出してあげた甲斐があった。こんなうれしいことはない」と、感謝状をおしいただいてお仏壇に供え、亡き両親にもお目にかけてくれた。

私は沖縄に帰った翌日から、先生とのお約束の花風傘を探しまわり、やっと手に入れることができたので、それに花風人形をとりそろえ、先生の満足される顔を夢にえ

長姉・ナベ（中央）の73歳の生年祝で帰郷。左は次姉・ウシ

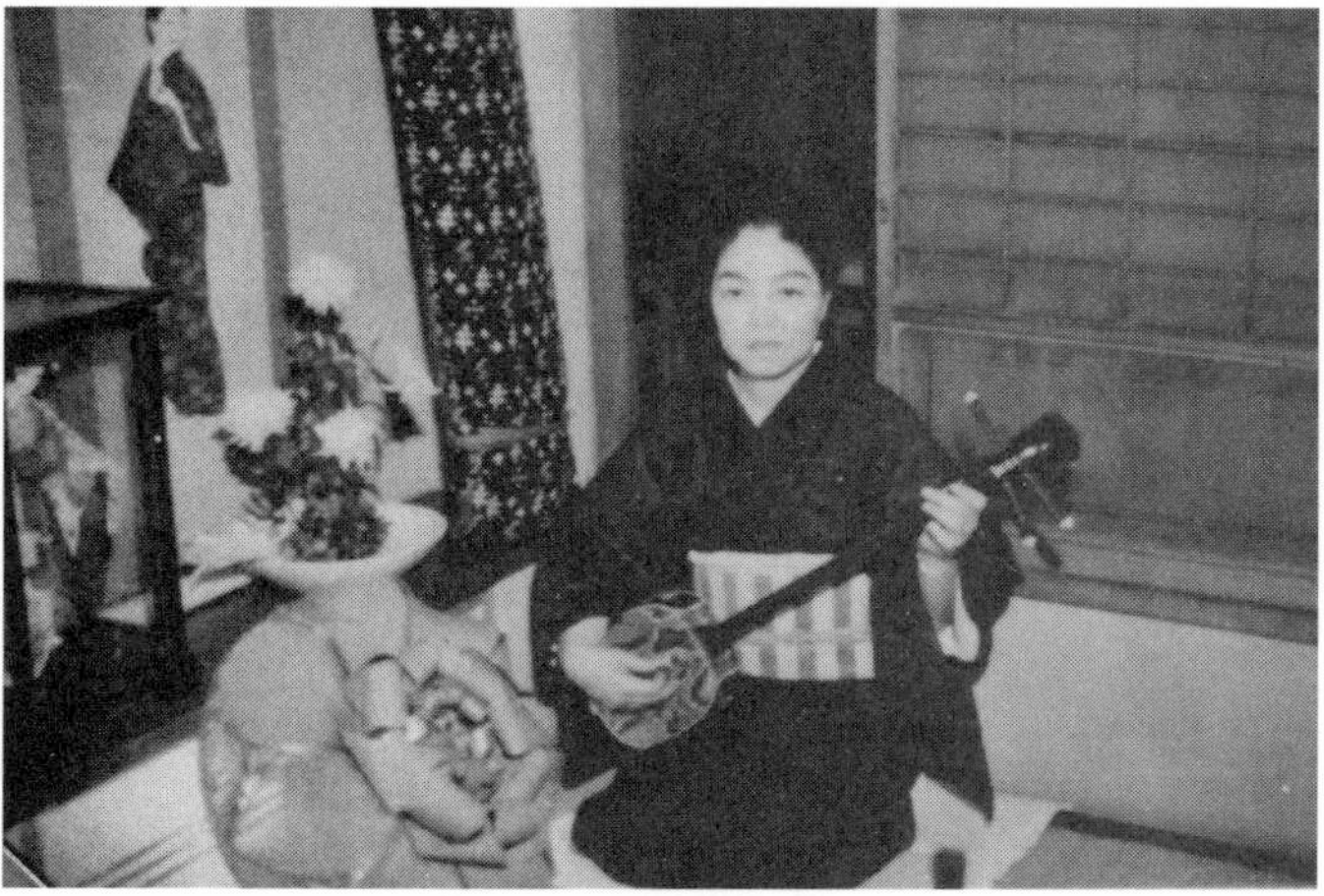

「颱風」で演奏中のつる

がいてそろそろ帰郷の準備にかかった。四十日ほど姉の側で暮らして、いよいよ引き揚げと定まった前の晩のこと。姉の養女のひろ子がいきなり、

「おばさんガッカリしたでしょう」という。

「なにがよう」と聞くと
「昨日のニュースに西崎先生がお亡くなりになったとあったでしょう」という。

「そんなバカなことがあるものですか」と打ち消してはみたものの、もしそんなことがあったらどうしよう、と胸は早鐘を打ち始めた。

「これこの通りでしょう」と出して見せてくれた夕刊には、写真入りで悲しい記事が出ていたので、いまはどうすることもできず、自分の目をうたがいながらも、全身打ちひしがれたようにがっかりした。

東京に帰った翌日、私は沖縄人形と花風傘とを携え、重い足を引きずるようにして田村町のお宅をお訪ねしたのであるが、あれだけ念を押されて、あれだけ私が心をこめて探し求めてきたおみやげの品々を、白いお位牌にお供えしようとは、何と情けないことであろうと、とめどなく流れ出る涙をおさえることもできなかった。

先生が私に特別目をかけて下され、また私も先生が好きでたまらなかったのは、単に芸能の同じ道に立っていたからというだけではなく、性格が似通っていたからのことであろう。私は生涯の中で、先生ほど物にこだわらないおおらかなお人に出会ったことがない。世間では先生を酒豪のように評判しているが、実際は決してそうではなかった。お好きではあったが量はそれほどでもなく、ビールでもお酒でも二、三本程度がよいところであった。

お夕食のお膳の上には、いつでも糸底の高い盃が添えてあった。あまり見たことのない珍しい形のもので、「先生お酌しましょう」とお銚子をとりあげて注いであげたら、「つるさんは、ケツで呑ませるのか」と笑いながら盃をおこされると、なるほど、それは伏せてあった高い糸底に注いであげたのだとわかって、大笑いしたことがあった。

七月エイサー

七月エイサーは田舎の夏の風物詩として、忘れることのできない印象深いものである。私らの屋部の部落はイリ（西）とアガリ（東）に分かれ、私はイリであるが、エイサーはアガリが盛んで、イリからも見に出かけたものである。鉢巻をして三味線を抱えた若い衆が大勢列をつくり、太鼓を先頭に酒壷をしんがりにして、村内の家々をまわって合力を求める。瓦屋なら酒一升、金なら百円程度。順に五合、二合と下がって、穴屋なら精々五勺ほど。それを壷に取りためて、広場に引き揚げ、美しい月光の下で男女入りまじり、うたい興ずるのであった。

一合小　おたび召しやいらば

二合小　おたび召しやいらば
　かみて廻やびら
　サブエンサブエン　サーサブエン
　ピラルラー　ララルラーラ
　二合だうや　二合　な一升二合
　二合だうや　あつつどうや　シシ
こまのあんし前や　お肝よたしやの
あやご　おたび召しやいらば
　かみて廻やべら
　サブエンサブエン　サーサブエン
　ピラルラー　ララルラーラ
　二合だうや　二合　な一升二合
　二合だうや　あつつどうや　シシ

二合、二合二合、一升二合、といった調子の歌が二十四節ある。歌詞も曲節も単純なもので、一節一節引きはなしては他愛のないものであるが、節ごとに調子がちがっているので、間をあけずにすべるように次へ移っていくとなると相当の手際が要る。また二十四節全部をうたいこなし弾きこなして、はじめて素朴な調子が盛りあがってくるのでもある。

昭和二十三年のころ、川崎の発表会で私が男装して三味線をかつぎ、佐久川昌子の振り付けで全部を演奏したときに、田辺尚雄先生がわざわざ楽屋まで来られて、「よくやって下さった」とほめて下され、また昌子の弟子の高良真砂が「おばさんありがとう」と涙を流してよろこんでくれたことを覚えている。

私が沖縄に帰ったのは、終戦後間もない年のエイサーのころであったが、太鼓もなくドラム缶を叩いて慣例の行列がやって来たので、私は例を破って二百円出してやった。穴屋出身の私が、やっと瓦屋を見かえしてやった気持ちになり、久しぶりに溜飲を下げた。

芸能にあけくれている私が帰って来たことを聞き伝えて、イリからも、アガリからも、演奏を頼み込んできたが、沖縄芸能を紹介する意味で東京では立つ前の晩までも弾きつづけてきた私ではあるが、故郷に帰ってまでも三味線弾きと噂を立てられるのがいやで、全部断り通した。

地方《じかた》の地位

私が帰ったときに、鶴見、川崎あたりの芸能人も大勢帰り、沖縄で発表会を催す計画を立てていたので、私との連絡をとりたい所存であったらしいが、私は滞在中姉の家にひそんで誰にも居所をあかさなかった。私は沖縄では芸能の価値がほんとうには理解されていないと考えていたので、ここで発表するのを気持ちよく思わなかったからである。

私が、音曲の有名な大家に敬意を表するためにお訪ねしたときのことである。お宅がわかりかねて人に聞いてみたら、「サンシンナラーサー（三味線師匠）の家か」と聞きかえされたのには、あきれてあいた口がふさがらなかった。地方《じかた》といえば踊手よりも格式はむしろ上で、舞台でも一段高いひな壇の上にシャンと構えている。人形芝居などでは踊りよりもむしろ地《じ》を聞きに行く人が多い。一流どころの老大家を、単なる三味線弾きとして扱っている社会に、私ははげしい憤りを感じ、同じ道に立つものとして私自身大きな侮辱を感じた。

私が川崎にいたころのこと、芸能の催し事があって、夜に入ってからすぐ来て弾いてくれと使いがやって来たので「私を何と思っている。八百屋の店先にならんでいる小野菜とでも考えて買出しに来たのか。私を招聘するなら、前もってわたりをつけ、番組に名を出しておくべきものだ。そんな手数も踏まないですぐ来て弾けとは、人を見くびるにも程がある」と、叱りとばして追いかえしたことがあった。私は芸能人が自重して自ら品格を保つことによって、芸能の品位を高めねばならぬとかねがね考えている。

本節と端節《はぶし》とを区別するのは、どこでも普通のことであるが、沖縄では特に甚しい

東京・池袋の琉球料理店「おもろ」で三味線を弾くつる（右端）
踊っているのは亀川美年子。左端の太鼓は詩人の伊波南哲

ようである。本来この二つは音曲の表裏をなすものであって、差別を立てて軽重すべきものではない。しかるに本節が儀式的に取り上げられてきたのに反し、端節は酒座の余興として扱われてきたばかりでなく、歌詞の上にも雅俗のちがいがあるところから、自然そうなったものである。

近世尚泰様が芸道を奨励されてから、野村、安富祖などの大家が現れたが、そのときまでも芸能は閑人の道楽として、学者側からは見下していたもので、あるときの御前演奏で、学者の喜舎場親雲上であったか誰であったかが、「ウタシャーたちはそろったか」と訊いたので、歌の野村が「ウタシャーたちはそろったが、ガクシャーたち（学者たち）はまだそろわない」とやりかえしたという話を聞いている。

こういう見識の高い達人らが出て、古典の品格をいよいよ高めていったにもかかわらず、端節は未だに座興から足を洗いきれずにいる。端節を品よくうたいこなすことは、節が生きているだけ、格調の定まった古典よりはむずかしいとさえ私は思っている。

端節と古典

私が端節《はぶし》にのり出した初めごろのこと、ある人と手合わせをしたことがあったが、どうしても調子が出ないのでその人がもどかしがって、「山入端さんは、恋をした体験があるのか」と訊くので、即座に「ない」と答えた。また実際なかったのである。そこでその人に「道理で情が出てない」と言われて赤面し、一人で歌の情というものに工夫をこらした。私は端節を研究し、古典と肩をならべるまでに育て上げていくことに、後半生をささげたいと考えている。

私は沖縄の若い人々を芸道に引き込もうとは、必ずしも考えていない。けれどもこれを理解し、鑑賞するだけの教養は身に付けて欲しいと希望している。世間一般の良き理解が芸能人をはげまし、芸能の成長を助けることにもなり、そして良き芸能がまた一般の教養を高めることにもなるからである。
私の半生の芸能生活は、地方《じかた》にやとわれてつとめ通してきたようなものであったが、だんだん自分の目が開けてくるにつれ、ありきたりの弾き方うたい方に物足りぬものを感じ、何が何でも自分自身の持ち味を生かして、他人のでなしに自分自身の芸能にしなければならぬと考えるようになった。それには西崎先生の感化もあるかも知れない。

古典がすぐれた芸術であることは言うまでもないが、その方面にはれっきとした大家がいくらもおられる。けれども大家の人々が端節を軽くみて、本式の芸能の座にのぼせるものではない、と考えておられるらしい態度を、私は常に不満に思っていた。端節はわれわれ庶民の生活の血の出るような叫びであるからである。

そこで私は、このあたりに自分の行き方があるように感じ出してきた。私が三味線の棹の扱い方に工夫をこらしたのも、テンポの早い端節の弾き方として、指のさばきを活発に自由にすることからであった。組踊の全曲を一人でこなしていきたい、という私の試みもこれと関連するもので、組踊は古典音曲を骨子としているものではあるが、男女老若さまざまの人物が登場し、いろいろの端節も豊かにもりこまれている。男女老若それぞれの性格を表すセリフなどは、音色の幅が広くなければ出せない。その音色を正確に出すためには、正確な発声法で口の開きを工夫しなければならない。組踊が本来総合芸術である以上、それを一人で演出することで総合芸能が完成されると、私は考えている。

私の話は大方理におち、そのうえ大家先生たちに不足がましい口のきき方をした嫌いのあったことは申しわけないが、お許しを願いたい。

「颱風」の巻

東京砂漠に沖縄の灯ともす

料亭「颱風」を開く

私の芸能を生かし、かつ成長させることからでも、生活の独立をはからねばならないと感じた。生活に追われていたのでは、私の芸能は新しく伸びようがない。そのために東京の真中に出て、広く批判を受ける目的で新橋に恰好な家を見付け、昭和三十二年、料亭「颱風」を経営することにした。この年は西崎先生が惜しい且つかがやかしい生涯を閉じられた記念の年で、私は先生の英霊が私をはげまし、私の前途を守って下さるような気がした。

「颱風」という名について、人気商売にそんな物騒な名を付けてと非難する人もあれば、いかにも奇抜で割りきったあなたの性格をズバリ表していておもしろい、とほめて下さる方もあった。けれどもこの名のいわれは、物騒でも奇抜でもなく、ごく平

東京・新橋駅近くにあった「颱風」

凡なものである。「颱風」というのは、実は宮古島から出る美酒の銘柄である。

終戦後、芋焼酎を初め得体の知れない密造酒が方々に現れて、みな本場琉球泡盛の名で売り出されたもので、それに憤慨した私は、正真正銘の泡盛を紹介して、これからのヤミ酒を一掃しなければと考えていた矢先、ちょうどこの年に、三十五度の銘酒「颱風」が発売されたので、幸先よしと早速その名を頂戴して、新しい看板の下に新しい運命へのスタートを切った。

昭和三十三年は開店一周年に相当するので、心ばかりの祝意を表したが、そのとき私の尊敬する先生が祝歌を寄せて、この物騒らしい店名を祝い直して下さった。私はその歌を手拭に染めぬいて方々に配った。その歌はこうである。

颱風《おほかぜ》のあとや　ちりひじもたたぬ
　山の端に月の照るがきよらさ

店を持ってからの私の生活は、これでやっと独立することができた、という心の落

女将として「颱風」をきり盛りしていたころのつる

ち着きを取りもどすことができたが、体はかえって落ち着く暇がなかった。田村町の西崎流家元からはたえず呼び出しがかかって応援を頼まれるし、店の監督は勿論のこと、一日の大部分はエプロンがけで板場に立った。

「マダムは芸能だけかと思ったら、板前のマネごともするのか」と目を見はる客人もあったくらいであるが、マネごとどころか私自身はすこぶる真剣であった。

私は音楽が耳から入る芸術であるならば、料理は口から入る芸術であると信じ、その味付に独自の工夫をこらした。心をこめて盛って出した料理が、客人の帰った後の皿に、なんにも残っていないのを見るのはうれしいことであった。私の真実が汲み取ってもらえた、と思うからである。

「颱風」はただの呑み屋ではない。またただの呑み屋にはしたくないという私の気持ちが、自然に現れたのであろうか、から騒ぎの客はあまりいない。この家に来ると芸能の雰囲気に包まれて、真に落ち着いた気分になれると客人の口から出た言葉を、私はうれしく聞いている。

「琉球美人がズラリ」と雑誌
に紹介された「颱風」

顧みて　大海に漂う小舟のように

前後両篇にわたる私のおはずかしいような長物語もこれで終わった。芸能発達史の裏ばなしのつもりであったが、また一面では、芸道一筋をたどって運命と闘い通してきたある女の人生行路とも見て戴きたいものである。自分でかえりみても波瀾重畳の一生で、いまさらためいきをつくほどである。最後に私はいまの心境を語ってこの物語を終わりたい。

私の半生は、大海に漂う小舟のようなものであった。あるときは天に逆巻く大浪にもまれ、頼みの帆もちぎれ、命の綱も切れはてて、失望のドン底に叩きこまれたことすらあったが、心の竿だけはしっかりと握りしめて、自分の針路を見失うまいとつとめてきた。

いつか一度は嵐の後の凪《なぎ》も来るものと信じ、生きぬくための生への未練を持ちつづけて懸命に竿をにぎりしめて来た。たとえ船脚《ふなあし》はおそくても、またこれからさきも第二、第三の嵐がつぎつぎにおそって来ようとも、それを切りぬけて行くうちには、いつかは自分の貧弱な芸能をのせたこの小舟をいこいの岸辺に、よろこび迎えて下さる人々のあろうことを信じつつ、頼りないけれども明るい目標の航路をつづけている。

私はもう五十の坂を越した。いまになってみると、自分でもよくここまでやってこれたとヒヤヒヤするくらい、危い綱渡りをして来たものである。私の出身が出身なだけに、世間は色めがねで見、私の素直な気持ちもそのままは受け入れてくれない。それにならされて私自身も、また世間を素直に受け取りにくくなった。人間同士の真心と結びあうことのできないくらい淋しいことはない。こんなことから自分以外には信じられるものは一人もない、という気持ちにさえなりかかっていた。これは一番悲しいあさましい、また淋しいことである。

私が動物や子供が好きなのも、私の気持ちをまともに受け取ってくれるからであった。私の出身がどうであろうと、それは自ら好きこのんでそうなったものではない。私の持って生まれた悲しい運命がそうさせたのである。私はこの運命から逃れるためにどれだけ苦労したことか。私の一生は運命との闘いであった。このような不運の中にあって、終始私を慰め力付けてくれたのは芸能であった。私は決して運命にまけてはならない。遥かな光を求め、それを目あてにつき進んでいかなければならない、と悟った。

遠い遠い彼方に見える芸能の灯をたよりに、雨風吹きすさむ荒野を一人で横切って行く気持ちで、この道一筋に骨身を削って生きぬいた一生であった。

私は美しい芸能の神に見守られたためでもあろうか、不幸な境遇の中にあっても一度もさもしい考えを起こしたことはない。人にだまされたことはあっても、人をだましたことはない。人に裏切られたことはあっても、人を裏切ったことはない。正規の教育こそ受けなかったが、大体のことは独力で覚え取った。

本来の負けず魂で、世の中にやってやれぬものは一つもないとまで悟った。ただ学問だけは習得の機会がなかった。いや、初めから与えられなかったのである。そのため、これだけはいまからなんと力んでもおっつかない。それでも運動の方面は大抵のことはやる。木登りは小猿と言われたくらい。水泳はカッパの兄弟分。自転車は勿論のこと、馬にも牛にも乗る。たった一つ乗りそこねたのは幸運の船であるが、これとても自分を売ってまでは、乗り込もうとしなかったからのことで、乗りそこねたことをいまでは却って誇らしいことにすら考えている。

私の生涯は自分だけの生活の営みであって、またそれが精一杯であって、これといって世間のお役に立ったことはない。それでも私が誇らしく思うのは、東京で沖縄芸能の草分けをしたことである。沖縄芸能が今日これだけ見事な花を咲かせたのを見るにつけ、自分もその種子を蒔いた一人であると思うと、生まれ故郷に対し幾分かの御恩報じができたと自ら慰めている。

私の一生は変化に富んだ長い長い芝居であった。この芝居も終幕に近くなっている。どうか最後の幕切れまでには、私の芸能に深き理解と同情が寄せられることが私の切なる願いであり、また私の生涯の終点でもある。

私の長物語を読んで下さった方々に厚く御礼を申し上げます。

（完）

解題・近代沖縄おんなの生きざま

―「三味線放浪記」の投げかけるもの―

三木　健（ジャーナリスト）

ある老学者との出会い

海山も渡て　きゆやこの島に
　着きゆる飛鳥のあはれ語ら

「山入端節」という琉歌の出だしの一節である。六番まであるこの歌の四番には次のような一節がある。

島々よ渡て　夜も暮れて行きゆさ
　胸のわが思ひ　はたさやすが

島々を渡っているうちに、いつしか夜も暮れてゆく。胸のわが思いを果たすことができるであろうか……。三味線一丁を手に、世の荒波を渡ってきた山入端つるの人生行路をうたった琉歌である。つるの自作ということになっているが、実は沖縄研究の泰斗で歴史学者の東恩納寛惇が詠んだものである。一九五九年十月の作である。

そのころ寛惇は、拓殖大学附属第一高等学校の校長をしていた。妻に先立たれた孤独の身を、東京・新橋の琉球料理の店「颱風」に通って慰めていたようである。通ううちに「颱風」のおかみである山入端つると親しくなり、やがて、寛惇はつるの生きざまに心を打たれ、その話を書き綴ることになる。題名を「三味線放浪記」とし『琉球新報』に連載した。つるの口述を筆記したもので、今日でいう「聞き書き」である。

実証主義史学を地でいくような厳格な歴史学者の寛惇にしては、めずらしく主観的で情緒的な文章である。それまでのものとおよそ文体を異にするが、つるの語り口に忠実になろうとしたのであろうか。とはいってもやはり寛惇らしい行《くだり》が散見される。連載は一九五九年十月五日から三十六回にわたった。ところが連載のときの執筆者は山入端つるとなり、寛惇は校閲ということになっている。そのいきさつについては当時の編集局長であった池宮城秀意が「嵐と焔―新聞記者四十年」(池宮城秀意セレクション『沖縄反骨のジャーナリスト』ニライ社刊)

のなかで次のように書いている。少し長くなるが引用してみる。

H教授は永年連れ添うた夫人を失って戦後も帰省しようとはしなかった。戦禍に荒れ「国破れて山河無し」。その上にアメリカ軍政下にある沖縄に帰れるものか、と頑として郷党の者たちの勧奨をを聞き入れなかった教授が八十歳に手の届く頃になって熱烈な恋愛に燃えてしまった。かつて有名な中国文学者で東大名誉教授だった塩屋温がこれも名のある女流文学者と愛し合い「老いらくの恋」とジャーナリズムに書き立てられたことがあったが、H教授もその轍《てつ》を踏んだのであった。

H教授がどういう機会にその女性と知り合ったのかわからないが、その女性は戦後南洋からの引き揚げ者で、サイパンを中心に渡世したと言われていた三味線ひきの女芸人であった。

戦後、私が琉球新報の編集局長のとき、親泊社長から分厚い原稿の綴りを渡された。

「これを読んで適当に処理してくれ。実はこの原稿をどうしたらよいか困っているんだ。Hさんからこの原稿を預かったんだが、先生の娘さんからはその原稿は新聞には出さないでくれと言ってきているんでねエ」

親泊社長はH教授親子の板ばさみになって、私に下駄をあずけたというわけである。読んでみると面白い。ところがそれは筆者となっている女性の書いたものではなしに、間違いなくH教授の執筆したものであった。H教授は稀に見る文章家で彼の『童景集』は名著ということになっていた。彼のいろいろの論作は沖縄の新聞に発表されていたし、私には直ぐに読みとれた。

「これはH教授の筆で、この女性の書いたものではありません。どうしましょうか。これでは通りませんよ」

「君に委せたんだから、君のいいようにしなさい」

親泊社長と私の間でそのような話が交わされた。

私はH教授へ手紙を書いた。

「送っていただいた原稿はなかなか面白いが、作者があの女性ということでは読者をだますことにもなるし、また、それでは通用しません。H教授校閲ということであれば、連載してよろしいと思います」

早速返事がきて、よろしく頼むということになり、「三味線放浪記」のタイトルで学芸欄に出したら、ひどく好評であった。

ここに登場するH教授とは、東恩納寛惇のことである。また「戦後南洋からの引き揚げ者で、サイパンを中心に渡世したと言われていた三味線ひきの女芸人」と書かれているのが山入端つるである。ただし「言われていた」とある「南洋からの引き揚げ者で、サイパンを中心に渡世した」という行は事実ではない。

それはともかく家族の者から「原稿を新聞にのせないでほしい」という申し出の苦肉の策として寛惇を「校閲」ということにしたのである。この点について、後につるたちの話をもとに『眉屋私記』（一九八四年、潮出版社刊）を著した上野英信は、その「あとがき」で次のように書いている。

「三味線放浪記」を執筆した東恩納寛惇
この写真は寛惇からつるに贈られたもの

ツル女の告白によれば、東恩納氏は校閲の役を担当したのではなくて、みずからすすんで彼女の話を聞き、親しく筆をとってこの異色の物語を書いたのであるという。それにもかかわらず作者としての名を伏せ、あえて「校閲・東恩納寛惇」と偽ったのは、この高名な沖縄史学者の体面を傷つけまいとする、周囲の者の気づかいからであろう。「わしが書いたのに、なぜわしの名を出さないのか」と不満をもらしながらこれを書きおえたあと、東恩納氏はツル女に向かって、「この次には萬栄にいさんのことを書かせてもらおう。それとこれとを合わせて一冊の本にまとめれば、新しい沖縄の近代史ができるぞ」と語ったという。

原稿が果たしてつるの名前であったか、寛惇の名前であったか、いまとなっては確かめる術もないが、それはたいしたことではない。はっきりしているのは、つるが語り、寛惇がそれを書いたという事実である。

池宮城の先の話には後日譚がある。前引の「嵐と焔」のなかで、池宮城は次のようなエピソードを紹介している。

池宮城は上京した折、東恩納にお礼かたがた表敬したいと東京支社を通して面会を申し出たところ、新橋の小料理屋に来てほしいという返事。それがつるがやっていた「颱風」である。そこで寛惇は座敷につるを呼んで「彼女が作った歌をきいてくれ」とつるに三味線をひかせ、うたわせた。ところが自作自演のはずの彼女が歌の文句を忘れていた。すると一緒にうたっていた寛惇が、歌の文句を次つぎにリードしていたという。

池宮城は「傍で聴いている私たちは教授の嘘が見えすいていたが、笑いだすわけにはいかなかった。むしろ教授の心情がいじらしく可愛くなった」と感想を述べている。また、「颱風」のことを「夫人を失ったあとのわびしい教授には知られていなかった桃源郷であったにちがいない」とも述べている。

紹介されている「彼女の自作自演という歌」というのが、冒頭で紹介した「山入端節」である。

文中にもあるように、新聞の連載は好評であった。が、寛惇の親類縁者からは好ましく思われなかった。老学者の「老いらくの恋」に理解を示すほど、沖縄の社会はまだ成熟していなかった。

いま、那覇市内で余生をおくるつるの手元には、寛惇が書き送った掛け軸が残っている。格調高い筆墨でつるの故郷・山原を讃えた琉歌である。つるはそれを寛惇のかたみとして、東京から引き揚げるときにも大切に持ち帰っている。

それればかりではない。つるは鏡台と指輪も贈られた。鏡台は台の部分が破損してなくなり、いまでは鏡の部分だけとなっているが、それでもつるはいまでも大事に使っている。寛惇はまた自分が使っていた硯箱もあげる約束をしていた。「私は筆は使わないので……」と辞退するつるに「そばにあればいつでも練習ができるから」と言っていたという。しかしこれは手渡されぬうちに寛惇は亡くなった。

彼女の話によれば、寛惇はつると一緒に東京を引き揚げ、つるの姉のいる那覇か郷里である屋部村に家を構えてくらす約束をしていた。ぼう大な寛惇の蔵書も、名護市に寄贈すると言っていたらしい。気むずかしい次姉のウシも、つるが寛惇と一緒に帰ってくることをよろこんでくれた。つるは引き揚げの準備にかかった。ところがその約束を果たさぬうちに、一九六三年一月、寛惇はあの世へ逝ってしまった。

寛惇がつるに語ったという屋部への引き揚げや、蔵書の名護への寄贈については、思い当たるふしがある。一九五六年に戦後はじめて帰郷した寛惇は、焼土と化した沖縄に郷土の貴重な歴史文献資料が残っていないことに心を痛め、五十年にわたって自ら集めた蔵書およそ一万冊を沖縄に贈ることに決めていた。その受け入れについて民間有志の人たちが東恩納文庫設立準備委員会をつくって寄付をつのったが、なかなかうまくいかない。

当時の琉球政府が補助金を出すことで、ようやくめどが立った。寛惇は文庫設立の準備をするため、勤めていた拓殖大学に辞意を表明したが、大学側の理事会はまだ文庫ができたわけではないし、と辞表を保留にし、大学は休講の形にして、その代わり附属高校を見てくれ、と校長の椅子を与えて待機となっていた。

ところが沖縄の地元では琉球立法院にひっかかってラチがあかず、補助金が暗礁に乗り上げてしまった。寛惇にとっては思いもかけぬことで、そうとうに頭を悩ませていたようである。一九六〇年八月十五日の『琉球新報』に寛惇は「東恩納文庫よいずこへ行く」という一文を寄せ、心境の一端をこう書いている。

私はこの文章を書いていながらも、これだけ貴重なカケガエのない民族文化の宝物を東京のような熱鬧の巷に放置して万一の事があったらどうしようと気が気でない。一日も早く安全を期する施設の中に移さなければと焦慮している。それにも拘わらず地元の態度があまり煎え切らないので、私自身業を煎やし、一層の事、一切を御破算にして、東京で適宜の処置を講じようかといった気持にもなりかねない心境にある。

いっそのこと文庫建設計画をご破算にして、適当に処置しようか……という寛惇の胸中に、あるいはつると一緒に屋部村に引き揚げ、蔵書を名護にでも……という考えがよぎったのではないか、結局、寛惇は文庫の完成を見ることなく、あの世へ逝くことにある。

辻に身売りから放浪の旅へ

さて、「三味線放浪記」は、こうした文庫建設問題で揺れていたころに書かれた。三十六回の短い連載ではあったが、つるの半生を綴った文章は、近代沖縄女性の歩みを記すものともなった。

　ここで「三味線放浪記」から、つるの足跡をたどってみる。

　一九〇六年（明治三十九）に山原の屋部村で男三人、女三人の六人きょうだいの末娘として生まれたつるは、八歳のとき父を亡くし、貧困のどん底に突き落とされる。十一歳のときに親類筋の地頭代の家に身代金つきで奉公に出され、一番上の兄はメキシコの炭鉱に移民として出郷、二男、三男も次々と大東島や大阪に出稼ぎにゆく。また姉二人も那覇の花街・辻に身売りされていく。兄たち三人の渡航費用は、女きょうだいの身売りの前借金であった。

　やがてつるも十三歳で姉たちのいる辻に身売りされていく。長姉ナベのもとに身を寄せる。つるはアンマー（女将）のナシングヮ（産みの子）ではなかったので、芸事を習うことを許されなかったが、興味押さえ難く裏口から抜け出して三味線を習いに通う。その熱心さと上達ぶりが認められて、芸妓として成長する。自分の芸に自信をつけたつるは、十九の春に身の回り品を風呂敷にくるんで辻を出奔する。辻には六年間いた。つるの三味線放浪の旅がこうしてはじまる。

　宮古、大阪、那覇、そして東京と三味線片手に職を転々としながら世を渡っていく。仕事も料亭の女給、モスリン工場の女工、豆炭屋、パナマ帽の仕上工、一杯呑屋とさまざまである。

仕事は種々であったが、そうしたなかでも沖縄の三味線を手放すことなく、いつもひき続けた。ときにそれが身を助けてくれた。東京の料亭「おきな」で働いていたころ、つるの評判をきいた松竹から琉球民謡のレコーディングの申し込みがあり、初めてレコードをつくっている。

東京八丁堀で一杯呑屋「つる屋」をやっていたころ、早世した兄たちの子を東京で勉学させてやろうと考え、二男・萬五郎の娘小枝子と三男・萬郎の子一雄を引き受けて親子同然の生活が始まる。一雄は眉屋の跡取りであったので、つるは責任を感じていた。

太平洋戦争が始まると、つるたちは千葉県山奥の亀山に疎開している。お寺の一間を借り、畑仕事で自給自足の生活をおくる。疎開生活は一年間ほど続いた。やがて沖縄に米軍が上陸し、全滅したとの報に接して辻の姉たちのことを思い、さめざめと泣いた。そして敗戦を迎えた。

関東で琉球芸能を普及

疎開先での生活を切りあげ、東京に出ることにした。そのとき、つるの頭にひらめいたのは、やはり芸能のことであった。千葉から東京墨田区の平川橋に一戸を求めて住んだが、芸能の打ち合わせなどで川崎に出向くことが多くなり、居を同地に移す。一九四八年（昭和二十三）

ごろのことだ。

川崎や鶴見には戦前沖縄から工場労働者として出稼ぎに来た二、三千人がそのまま住みつき、一つの集落をなしていた。そこでは沖縄芸能も盛んだった。川崎における琉球芸能の歴史は、昭和二年に、阿波連本啓が「阿波連郷土舞踊同好会」の看板を掲げ、県出身者を集めてはじめたのが嚆矢とされている。

戦後になって米須清仁らが中心となり、それに鹿児島に疎開していた野村流師範の池宮喜輝、舞踊の大家渡嘉敷守良らが加わり隆盛をみる。つるも渡嘉敷守良や池宮喜輝の両師匠から古典を仕込まれた。つるは乞われて地方《じかた》をつとめた。川崎沖縄芸能研究会が結成されたのもそのころである。

一九四八年三月、読売ホールで平良リエ子、児玉清子のコンビによる芸能公演が三日間にわたって開かれたときも、つるは地方をつとめた。

つるには地方《じかた》に対する誇りがあった。琉球舞踊は、踊り手と地方によって成り立つが、えてして踊り手のみが注目され、地方は軽視されがちであった。しかし地方がいてこそはじめて踊り手は舞うことができる。地方なしに琉舞は成り立たない。わかりきったことだが、地方を頼みに来る人のなかには、いつでも簡単に来てくれるものと軽くあしらう人もいた。そんなときつるは地方をことわっている。つるのプライドが許さないのだ。

マッカーサー夫人の主催する会に招かれて、児玉清子の踊りの地方をつとめたことも忘れられない。また西崎流舞踊家元の西崎緑は渡嘉敷守良に弟子入りしていたが、琉舞を歌舞伎座で舞ったときも、つるが地方をつとめた。西崎はまたつるのよき理解者であった。

とにかくそのころ地方《じかた》はほとんどおらず、つるは西へ東へと多忙な日々をおくる。こうした活動が認められ、つるは川崎市文化協会から感謝状をもらっている。沖縄芸能は全国でもめずらしく、一九五二年（昭和二十七）に川崎沖縄芸能研究会が川崎市の無形文化財に指定され、一九五四年には神奈川県が県の無形文化財に指定した。つるたちの活動が大きな支えとなっていた。

一九五七年（昭和三十二）、つるは新橋駅近くに琉球料理店「颱風」を構える。生活の独立によって、芸能もまた成長させることができる、と考えたからだ。店の名はそのころ宮古島から出た泡盛の銘柄からとった。

店には沖縄出身者や、在京の沖縄を愛する人たちが足を運んだ。沖縄に対する偏見や差別がまだはびこっていた時代である。心の安らぎを求めて学生たちや、復帰運動の活動家、沖縄奄美出身の学者や文化人もよく姿を見せた。

「颱風」はまた在京の県学生会や郷友会の集会の場としてもよく利用され、沖縄民謡や三味線の音が夜おそくまで絶えなかった。そこは沖縄出身者にとっては、まさに〝東京砂漠〟

のオアシスであった。

寛惇が通うようになったのも、そのころである。波乱に富んだつるの来し方を聞くうちに、あたかも近代沖縄女性史の一側面を見る思いがしたに違いない。それにつるへの思いも重なっている。しかし前述のように、沖縄の屋部に引き揚げて二人で住むという約束は寛惇の死によって実現しなかった。

つるはその後十年余も「颱風」を続け、在京の郷党たちをふるさとの香りで慰めた。長年住みなれた関東を引き払って那覇に戻ったのは、一九七四年秋のことである。

沖縄の姉たちとの交流は、戦後しばらくは途絶えていたが、一九五〇年代もおわりごろに音信があり、つるは一度里帰りし、二人の姉たちの健在を確認している。三人の兄のうち戦前に逝った二男の萬五郎、三男の萬郎についで、一九五九年には長兄の萬栄がキューバでこの世を去る。ドイツ人女性と結婚した萬栄には一人娘のマリアがいたが、つるは写真で見ただけであった。

一九七四年（昭和四十九）秋、つるは「颱風」を処分して、本土復帰間もない沖縄に引き揚げてきた。つるは六十八歳になっていた。荒波の航海を終えて、母港でひっそりと船体を休めるような日々を那覇の栄町でおくった。

静かな生活がつるのもとに戻ってきた。孫娘の通う近くの大道小学校の生徒たちに、時折、

『眉屋私記』出版後、那覇のつる宅を訪れた故・上野英信（右端）
左側は山入端一雄夫妻。上の写真はつるの兄姉（岡友幸氏提供）

三味線を教えに出かけたり、八十の手習いよろしく漢字の筆写にいそしんでいた。

『眉屋私記』の誕生

そんなある日、筑豊の記録作家・上野英信がひょっこり訪ねてきた。つるや眉屋の一族の歩みを取材するためである。きっかけはつるの長兄・萬栄が著した一冊の『わが移民記』という小冊子である。この冊子は元琉球新報記者の志良堂清栄が、一九六〇年に萬栄の手記「在外五十有余年ヲ顧リミテ」をもとに編んだものである。一九六〇年といえば、「三味線放浪記」が連載された翌年のことである。ちょうど同じころに、東京で寛惇は妹つるのことを書き、那覇では清英が兄萬栄のことを書いていたことになる。

萬栄は一九〇七年（明治四十）に眉屋一家の運命を背負って、メキシコに炭鉱移民として渡っている。明治期になんと千二百人もの人たちが移民として太平洋の荒波を渡っていったのだ。

筑豊を中心に炭鉱労働者の記録を綴っていた上野にとって、それは驚きであった。というのは一九六〇年代にエネルギー資源が石炭から石油へと変わるなかで、筑豊をはじめとする九州の炭鉱が次々と閉山へと追い込まれていくが、その追われてゆく坑夫たちを一九七四年南米各地に訪ね歩いた上野にとって、それより半世紀も前に炭鉱移民が存在したということは、大きな発見でさえあったのである。

さらに萬栄の妹たち三人が、これまた貧困の故に次々と辻に売られていくさまは、萬栄のことに劣らぬ衝撃を上野に与えた。移民と辻売りという近代沖縄の歴史を貫くタテ糸とヨコ糸を駆使して、上野は沖縄の民衆の生きざまを描く。筑豊から沖縄に来て、つるのもとに通う日々が五年余も続いた。そのなかで、つるは「三味線放浪記」のコピーを上野に見せている。『眉屋私記』が出版されたのは、はじめてつるを訪ねたときから十年後の一九八四年のことである。

「はじめて沖縄の歴史のなかにアンマーたちが登場した」といわれたように『眉屋私記』は沖縄近代史のなかで、民衆に光を当てたものとして注目された。近代沖縄をよぎった嵐の

長いこと消息がつかめなかった長兄・萬栄の一人娘マリアと那覇空港で感激の対面

マイアミから「里帰り」したマリア・ヤマノハ（左から２人目）とその娘エリザベツ（４人目）を囲む山入端一族（名護市屋部で）

なかで、ひっそりと眉を寄せ合って生きる姉妹たちの姿を、あたたかい眼をもって描いている。とりわけつるの存在は大きい。つるはこの小説で、再び注目を集めた。

『眉屋私記』の「あとがき」で上野は次のように書いている。

なによりしあわせは、萬栄の妹ツル女との出会いである。以来今日まで五年間、私は休む間もなく沖縄に通い、ツル女の思い出の糸をたぐりつづけた。思い出すのもつらいできごとのみ多かったろう。しかし、彼女は一度として率直な態度を失することはなかった。その信じがたいほど毅然として率直な姿勢は、しばしば私を圧倒するほどであった。

上野がつるを初めて訪ねる少し前、つるはふしぎな夢を見ている。

ある日、私は東恩納寛惇先生の夢を見ました。私が寝ている横に、寛惇先生が現れ後ろ向きにすわって、何か言っておられましたが、私にはよく聞きとれませんでした。ちょうど同じころ、屋部の萬五郎屋の小枝子からも、寛惇先生の夢を見たよ、と言って電話がありました。寛惇先生は頼むよ、と言っていた、と言うのです。小枝子は寛惇先生に会ったこともないのに、へんだねと不思議に思っていました。

これは上野の死後、関係者によって編まれた追悼文集『上野英信と沖縄』(一九八八年ニライ社刊)で、つるが寄せた「あの世でお会いしましょう」の一文に紹介されている。なぜ寛惇は夢に現れて「頼むよ」と言ったのか。実は、寛惇はつるの「三味線放浪記」を書いたあと、「この次は萬栄兄さんのことを書こうね。そして二つまとめて本にしようね」と話していたが、萬栄のことを少し書きかけたころに亡くなったのである。その思いを果たすために夢に現れ、近く取材に訪れる上野のことを予告するかのように「そのときは頼むよ」と山入端の人たちに協力を頼んだのである。上野は寛惇について書いている。

もしこれが実現していれば、きっと東恩納史学に新生面がひらけたであろう。しかし、残念ながら彼はツル女との約束を果たせないまま、一九六三年、満八十歳をもって孤高の生涯をとじた。そしていまごろになって、私ごとき浅学菲才の文学の徒が老大家の果たせなかった仕事をうけつぐ結果になったのは、運命のいたずらというほかはあるまいが、さぞかしあの世で「これでは沖縄の近代史にならん」と悲憤し、太い眉をしかめていらっしゃることだろう。

一族の人びとの絶大なる協力を得て、上野は『眉屋私記』を著したが、これをまとめるにあたって上野が心残りにしていたことが一つある。萬栄の一粒種のマリアたちの行方がつかめず、キューバでの取材が叶わなかったことである。上野はいつの日か彼女たちに会って取材ができることを夢みて、病床の枕元にまでスペイン語の辞書を置いていた。しかし果たすことができず、一九八七年十一月に亡くなった。

ふしぎなこともあるもので、上野の死後しばらくしてからマリアたちがアメリカフロリダ州のマイアミに生きていることがわかった。そしてつるたちとの劇的な対面が沖縄で実現する。それも上野が亡くなってちょうど一周忌の追悼集会が那覇で開かれた一九八八年十一月にである。

マリアは二人娘の長女・エリザベッツを伴って訪れた。キューバ生まれの彼女たちは、日本語を話せない。それでもつるは、はじめてみるマリアをわが娘のようにいとおしみ、屋部の屋敷跡やお墓へ引き回した。マリアたちを案内するつるに私もお伴したが、つるはいかにもうれしそうで、誇らし気でさえあった。霊前で香をたき、手を合わせているマリアの表情は、いつしかウチナーアンマーの顔になっていた。

幼い日、辻に身売りされたつるに、姉のナベが「いつか三人で眉屋を取り返そう」と言って慰めた言葉が、私の脳裏をかすめた。眉屋の家こそ建てなかったが、その一族は世界に広がり、みごとに再興を果たしたのである。つるの気持ちもおそらく、これで先祖への申し訳ができたという気持ちであったろう。

「三味線放浪記」から、やがて四十年の歳月が流れようとしている。山入端つる、今年九十歳。なおかくしゃくとして、沖縄の大地でたくましく生きている。

『三味線放浪記　新版』あとがき

『三味線放浪記』の初版が出版されたのは、一九九六年のことである。そのころは主人公の山入端ツル（本名）さんは、ご健在であった。筑豊から上野英信が『眉屋私記』を書くため沖縄を訪れたのが、一九七七年である。その時、ツルさんから『三味線放浪記』の連載された琉球新報の切り抜きを渡されたのである。これをもとに、ニライ社が単行本として刊行する。古典的な紅型文様をあしらった装いで、この年の沖縄タイムス出版文化賞を受賞し、注目された。この文章を書かれた東恩納寛惇も、泉下でさぞやご満悦であったに違いない。

こうして近代沖縄の民衆の生きざまを描いた『眉屋私記』と並び、読者の手に渡っていく。その後、上野が一九八七年に逝去し、ツルも二〇〇六年に百歳の天寿を全うして天国へゆく。ツルの置き土産のような『三味線放浪記』も、やがて在庫が底をつき、増刷を望む声がニライ社によせられたが、同社廃業のため久しく書店で見る機会はなかった。

今回、装いも新たに再刊されることになったのは、ツルの故郷である名護市屋部の渡波屋の地に上野英信の「眉屋私記文学記念碑」が、村内外の有志により建立されたのが契機となった。碑建立期成会では、記念碑のいわば関連本として『三味線放浪記』を再刊することにしたのである。その趣旨を元ニライ社の島袋捷子さんも快諾され、ここに装いも新たにボーダーインク社より、再デビューすることになった。

初版を活かし、巻末の「解題」などもそのままとし、それ以後のことなどを書き加えて、「新版・あとがき」とした。表題の「三味線」も、沖縄のサンシンはその後「三線」に表記が統一され、定着しているが、それもあえて原文のままとした。初版同様、あたたかく世に迎えられることを願っている。最後に本書の再刊をお引き受けくださったボーダーインク社の池宮紀子社長にお礼を申し上げたい。

眉屋私記文学碑建立期成会
代表　三木健

山入端ツルや兄の萬栄らの生きざまを描いた上野英信『眉屋私記』を顕彰した文学記念碑。（2021 年 5 月、名護市屋部の渡波屋に建立）

著者プロフィール

山入端つる（やまのは・つる）

1906年（明治39）沖縄北部の屋部村（現・名護市）で男3人、女3人の末娘として生まれる。8歳の時、父を亡くし、貧困のため11歳で身代金付きで奉公に出され、13歳で辻の長姉・ナベのもとに引き取られ、三線を習い、芸妓として成長する。19歳で辻を出奔し、三線片手に宮古、奄美、大阪、東京など職を転々としながら渡世。戦後は沖縄移住者の多い神奈川県川崎市で沖縄芸能の発展に寄与、同市の無形文化財指定にも貢献した。1957年に東京で琉球料理店「颱風」を経営していたが、1974年に沖縄に引き揚げ、余生を郷里ですごす。2006年、百歳の天寿を全うした。

校閲

東恩納寛淳（ひがしおんな・かんじゅん）

1882年（明治15）、那覇東町で生まれる。東京帝国大学史学科を卒業。歴史家として伊波普猷らとともに「沖縄学」の大家と呼ばれる。数々の歴史論考のほかに「童景集」などの随筆は名文家としても知られる。1963年（昭和38）没。『東恩納寛淳全集』全10巻別巻1がある。

三味線放浪記　新版

初版第1刷　1996年12月20日発行
新版第1刷　2021年 8月20日発行

著　者　山入端つる
校　閲　東恩納寛惇
発行人　池宮紀子
発行所　ボーダーインク
沖縄県那覇市与儀 226-3
電話　098-835-2777
FAX　098-835-2840
印刷所　でいご印刷

ISBN978-4-89982-411-4
Printed in OKINAWA Japan